La historia y sus sentidos

El siglo XX español

Julián Casanova

LA HISTORIA Y SUS SENTIDOS

El siglo xx español

PRENSAS DE LA UNIVERSIDAD DE ZARAGOZA

1.ª edición en la colección Estudios, 2025

Prensas de la Universidad de Zaragoza. Edificio de Ciencias Geológicas, c/ Pedro Cerbuna, 12, 50009 Zaragoza, España. Tel.: 976 761 330.
puz@unizar.es http://puz.unizar.es

Esta editorial es miembro de la UNE, lo que garantiza la difusión y comercialización de sus publicaciones a nivel nacional e internacional.

ISBN 979-13-87705-41-1
Impreso en España
Imprime: Servicio de Publicaciones. Universidad de Zaragoza
D.L.: Z 739-2025

Introducción*

Europa era en 1900 el continente más rico y poderoso del mundo, con el monopolio, casi exclusivo, de la fuerza militar moderna. La burguesía y las clases medias saludaron el nuevo siglo con entusiasmo y orgullosas de los avances de la industrialización y de sus posesiones coloniales. Pese a los críticos sociales que destacaban las diferencias entre ricos y pobres, las luchas de clases y guerras imperialistas, el estado de ánimo en las grandes potencias era optimista y muchos creían que el nuevo siglo traería más bienestar, crecimiento económico y progreso tecnológico.[1]

Dinastías de aristócratas y burgueses que hicieron grandes fortunas en las décadas anteriores a la Primera

* Parte de la investigación que se presenta en estas páginas fue publicada en Julián Casanova y Carlos Gil Andrés, *Historia de España en el siglo XX*, Ariel, Barcelona, 2009 (edición en inglés, *Twentieth-Century Spain. A History*, Cambridge University Press, Cambridge, 2014). He incorporado también algunas de mis investigaciones y formas de abordar la historia de la última década.

1 Volker R. Berghahn, *Europe in the Era of Two World Wars. From Militarism and Genocide to Civil Society, 1900-1950*, Princeton University Press, Princeton, 2006. Todas las traducciones de las citas de las fuentes en otros idiomas son mías y, salvo en los casos en que así lo indique, he usado las versiones originales, aunque existan traducciones al castellano.

Guerra Mundial estaban unidas por lazos de parentesco y sangre, a través de matrimonios perfectamente calculados para incrementar riquezas. La clase y el rango se distinguían por el vestido, las poses, la forma de hablar y el empleo de sirvientes y criados, algo muy común también en las clases medias altas, que copiaban la forma de vida de la aristocracia.

La distancia entre las buenas familias, que extendían sus raíces genealógicas por las monarquías e imperios de Europa, y la mayoría de la población pobre era sideral. La pobreza estaba conectada con las enfermedades, la baja esperanza de vida, el analfabetismo y la falta de expectativas sociales. La mayoría de los europeos morían en la misma posición social que habían nacido.

Todas esas desigualdades eran especialmente acusadas entre las mujeres. Las diferencias eran sociales, económicas, culturales y políticas. Su esperanza de vida era menor, el analfabetismo más alto, carecían de independencia económica, las leyes legitimaban su subordinación a los hombres y la tradición y las costumbres culturales limitaban su esfera de influencia al hogar. El Código napoleónico, vigente en Francia y adaptado a otros países europeos, había reforzado durante todo el siglo XIX la tradicional autoridad del hombre, padre y marido en la posesión de propiedades o en las decisiones en torno a la educación de los hijos.

En la mayoría de los países católicos, con España e Italia al frente de ellos, el divorcio estaba prohibido y las mujeres eran también las plebeyas en el mercado de trabajo, donde además el acoso y abuso sexual por parte de los jefes, capataces y sus propios compañeros trabajadores era el pan de cada día.

Las mujeres estaban excluidas de la política, del gobierno, de muchas instituciones educativas, profesiones y ocupaciones. Cuando comenzó el siglo XX todavía no habían conseguido el derecho al voto en ningún país europeo y, aunque pudieron votar en Finlandia (1906) y Noruega (1913) —antes lo habían hecho en Nueva Zelanda (1893) y Australia (1902)—, la barrera electoral no se rompió en Inglaterra, Alemania o en España hasta después de la Primera Guerra Mundial y en Francia o Italia hubo que esperar hasta el final de la Segunda.[2]

Aunque muchos ciudadanos europeos tenían restringida la libertad para hablar su idioma o practicar su religión y sufrían notables discriminaciones por el género, la raza o la clase a la que pertenecían, esos grupos de privilegio y poder veían a Europa como «el mundo civilizado» y creían que el final de ese camino de crecimiento económico y prosperidad, muy visible desde finales del siglo XIX, conduciría a la «europeización del mundo».

Porque Europa era a comienzos del siglo XX el centro del mundo, sus principales países se habían repartido Asia y África y, además de la industria y tecnología, tenían casi el monopolio de la fuerza militar moderna. Europa estaba en la edad del teléfono, del coche, de las ametralladoras y submarinos, con un optimismo y fe considerables en el racionalismo, la ciencia y el progreso, pero esos «buenos tiempos» estaban reservados para los propietarios, hombres blancos, cristianos y ricos.[3]

La democracia y la presencia de una cultura popular cívica, de respeto por la ley y de defensa de los derechos

2 Ann Taylor Allen, *Women in Twentieth-Century Europe,* Palgrave Macmillan, Londres, 2008, pp. 1-5.

3 Sobre el lugar central de Europa a comienzos del siglo XX y cómo había llegado a él puede verse el reciente trabajo de Richard J. Evans *The Pursuit of Power. Europe 1815-1914,* Viking, Nueva York, 2016 (traducción al castellano en Crítica, Barcelona, 2017).

civiles, eran bienes escasos, presentes en algunos países como Francia y Gran Bretaña y ausentes en la mayor parte del resto de Europa. Tampoco los parlamentos gozaban de buena salud en países como Rusia, Italia, Alemania o España, donde, debido a la corrupción, al sufragio restringido y a la intervención de los monarcas en los Gobiernos, aparecían ante intelectuales radicales y socialistas como instrumentos de gestión pública al servicio de las clases dominantes. Estaba emergiendo la «sociedad de masas», de sindicatos y partidos políticos que atraían a amplios sectores de las clases trabajadoras que, con sus organizaciones, movilizaciones, disturbios y huelgas, aparecieron en el escenario público y pidieron insistentemente que no se las excluyera del sistema político.

Entre la Conferencia de Berlín (1884-85), con el reparto oficial del gran pastel africano, y el inicio de la Primera Guerra Mundial las posesiones coloniales europeas aumentaron de forma espectacular, como creció también la creencia en la superioridad de Europa y de la raza blanca sobre los «salvajes». Un nuevo término, *imperialismo,* empezó a ser de uso común en inglés en los años setenta del siglo XIX y el culto a la grandeza imperial de Gran Bretaña se extendió por la prensa, los mítines políticos, los anuncios publicitarios y la literatura sobre todo después de que en 1877 la reina Victoria fuera declarada emperatriz de la India. Era el símbolo del dominio global de una monarquía más allá de su territorio nacional y así fue celebrado con ceremonias reales y desfiles de tropas coloniales.[4]

No era solo Gran Bretaña, porque el sueño de conquistar otras partes del mundo se extendió por otros

4 *Ibidem,* p. 643.

países de Europa espoleado por políticos patrioteros y nacionalistas.

Con la excepción de Francia, donde había surgido una República de la derrota de la guerra con Prusia en 1870, todos los grandes poderes europeos eran monarquías a comienzos del siglo XX. El republicanismo era, en casi todos esos Estados, un movimiento político radical bastante marginal y ser republicano era considerado en los imperios ruso y austro-húngaro revolucionario.

La jerarquía entre naciones dominantes, en declive y grupos étnicos subyugados era muy evidente en la Europa de comienzos del siglo XX, resultado de decenios de guerras internacionales con vencedores y vencidos. Mientras que España era un viejo imperio en retirada tras su «desastre» final, británicos, franceses y alemanes estaban en su momento cumbre, con austríacos y rusos manteniendo todavía mucho de su esplendor. Y la imagen tópica de la decadencia y del inmovilismo tan extendida en España contrastaba con el orgullo que mostraban en los imperios que aumentaban su poder, riqueza y fuerza militar. Así lo expresó lord Salisbury, primer ministro británico, en un discurso pronunciado en el Albert Hall de Londres el 4 de mayo de 1898, tres días después de la derrota naval española en Cavite, en aguas de Filipinas: «Podemos dividir las naciones del mundo *grosso modo* en vivas y moribundas, las grandes y ricas y las débiles y pobres».[5]

5 *The Times*, 5 de mayo de 1898. El discurso, las repercusiones en España y su visión del imperialismo, en Rosario de la Torre del Río, «La prensa madrileña y el discurso de Lord Salisbury sobre las "naciones moribundas"», *Cuadernos de Historia Moderna y Contemporánea*, n.º 6 (1985), pp. 163-180.

1.

Monarquía

El comienzo del siglo XX no supuso en España la apertura de un nuevo período histórico. El régimen político de la Restauración, construido a partir del regreso al trono de la dinastía borbónica y de la aprobación de la Constitución de 1876, sobrevivió sin grandes cambios hasta 1923. El nuevo siglo heredaba problemas y conflictos tan importantes como la insuficiente nacionalización del Estado, los límites de la representación política, el peso de instituciones como el Ejército o la Iglesia o la falta de canales legales para la incorporación de las demandas de las clases populares. Sin embargo, a pesar de los problemas apuntados, la historiografía más reciente ha desterrado el mito del fracaso como modelo explicativo. Fracaso de la industrialización, inexistencia de revolución burguesa, ausencia de modernización agraria, arcaísmo del sistema caciquil, desmovilización popular... En realidad, la sociedad española que asistía al *Desastre* del 98 se mostraba más dinámica, moderna y compleja de lo que hacían ver los propios contemporáneos que con tanto éxito difundieron la imagen tópica de la decadencia y el inmovilismo.

Porque la pérdida de los ultimos restos coloniales, la derrota ante el «cerdo» *yankee,* acabó con la fiebre patriótica y el triunfalismo vocinglero de algunos políticos y periódicos y dio paso al desengaño, al desencanto, a la protesta y la exigencia de responsabilidades. Joaquín Costa, la figura de referencia en la denuncia de la oligarquía y el caciquismo, apelaba a las «masas neutras» del país para hacer una «honda revolución». En su opinión, el «nudo» no tenía ya más que una solución: «cortarlo». El Gobierno suspendió las garantías constitucionales ante los rumores de un levantamiento carlista, de un pronunciamiento republicano o incluso de un golpe de Estado militar. Pero no pasó nada.

Los dirigentes políticos españoles habían aceptado la guerra contra Estados Unidos como un mal menor, convencidos de que la concesión de la independencia a los cubanos o la venta de la isla a los norteamericanos habrían puesto en peligro el sistema de la Restauración y aun la propia supervivencia de la monarquía. Los acontecimientos posteriores al *Desastre* les dieron la razón. Los liberales continuaron sin problemas en el Gobierno hasta que, en febrero de 1899, cedieron el *turno* a un Gabinete conservador presidido por Francisco Silvela, con Camilo García de Polavieja en la cartera de Guerra. Una parte del movimiento regeneracionista quedó incluida, de ese modo, dentro del sistema dinástico, y el resto, como las protestas de las Cámaras Agrarias y las Cámaras de Comercio, las «fuerzas vivas» del país, se difuminó en los meses siguientes sin llegar a articular una alternativa política. Como bien señalaba *El Imparcial,* la revolución, que no había salido de los cuarteles ni de las barricadas, mucho menos podía venir «de las persianas de las tiendas». Lo dijo después José Francos Rodríguez: «Nos contentamos con desahogos literarios».

Ni siquiera hubo crisis económica después del 98. A pesar del coste elevado de la guerra, tanto en vidas humanas como en recursos materiales, la repatriación de capitales de las colonias, el mantenimiento de las exportaciones, la llegada de inversiones extranjeras y las reformas en Hacienda propiciaron una coyuntura económica favorable que poco o nada tenía que ver con los diagnósticos catastrofistas de los regeneracionistas, que situaban al país al borde del precipicio.

Tampoco eran originales las críticas de los «noventayochistas» sobre la falsedad y la corrupción del sistema político. En los años anteriores, autores como Gumersindo de Azcárate, Lucas Mallada, Ángel Ganivet y el propio Miguel de Unamuno ya habían denunciado con amargura la lacra del caciquismo y la decadencia de una nación anémica y atrasada. El largo eco de esa literatura regeneracionista, teñida de un marcado tono de condena moral, influyó de manera notable en el éxito posterior de la teoría del «fracaso» como modelo explicativo de todo lo que había pasado en la España de la Restauración, una visión estereotipada que la historiografía de los últimos años ha revisado proponiendo un análisis más complejo y multiforme, enriquecido por las aportaciones de otras ciencias sociales y por una perspectiva comparada que inserta el estudio del caso español dentro del panorama general europeo.

Algunos manuales inician la historia del siglo en 1902, la mayoría de edad de Alfonso XIII; otros empiezan en 1898, la fecha mítica de la pérdida de las últimas colonias, y también hay autores, por último, que prefieren hablar de un modo más general de crisis de fin de siglo, crisis finisecular o crisis de entre siglos para situar los acontecimientos vividos en España en esos años dentro del contexto europeo y para subrayar, desde un enfoque más amplio, los problemas básicos de España, visibles en la última década del ochocientos, que iban a enmarcar la larga crisis del sistema político en los dos primeros decenios de la nueva centuria.

El funcionamiento del sistema político era bien conocido por los contemporáneos y ha sido descrito con minuciosidad por la historiografía, pero conviene recordarlo para subrayar cómo se invertía el principio teórico de la soberanía nacional. El voto de las urnas no determinaba la composición del Parlamento y este, a su vez, el signo político del poder ejecutivo, sino que era la prerrogativa regia la que decidía el Gobierno, quien «fabricaba» una Cámara legislativa favorable. En efecto, cuando se producía una situación de crisis o se consideraba que la acción gubernamental había desgastado a un Gabinete se ponía en marcha el mecanismo del *turno*. El rey nombraba entonces presidente del Consejo de Ministros al líder del partido contrario y le entregaba el decreto de disolución de las Cortes. Antes de convocar las elecciones generales se producía la operación del *encasillado*. Desde el Ministerio de Gobernación se acordaba un reparto de escaños aceptable para la oposición y se nombraba a los gobernadores civiles, los encargados de pactar con las elites provinciales y los notables locales unas elecciones amañadas que garantizasen el resultado esperado. De esa manera, el Gobierno se aseguraba una cómoda mayoría, muy por encima siempre de los doscientos diputados, dejando menos de un centenar en manos de la oposición dinástica y un número casi testimonial para los partidos ajenos al pacto.

Tanto liberales como conservadores formaban parte de partidos de notables que agrupaban a dirigentes y clientelas regionales dentro de un grupo parlamentario, pero sin una entidad jurídica independiente. Tenían periódicos propios y un buen número de círculos y casinos, pero no había registro de afiliados ni una estructura capaz de movilizar a la opinión pública más allá de los banquetes, discursos y visitas electorales de los momentos previos a los comicios. En las ciudades grandes, con circunscripciones por listados, existía un pequeño margen para que los partidos antidinásticos obtuvieran representación. Pero en las pequeñas capitales de provincia y en los distritos rurales, todos uninominales, no había espacio para la sorpresa. En la mayoría de los casos se respetaba el turno entre liberales y conservadores, a veces con la imposición de candidatos foráneos, los llamados *cuneros*, pero también había un buen número de distritos, denominados «propios», donde se repetían siempre los mismos nombres.

Ese era el escenario donde actuaba el *cacique*, pieza básica en el entramado político local y centro de las críticas regeneracionistas, el «cuerpo extraño» de la nación, según Costa, que debía ser extirpado para lograr la revolución pendiente. Desde hace años, sin embargo, los historiadores parecen estar de acuerdo en una interpretación que sitúa el caciquismo no como un parásito adosado al organismo sano de la sociedad, ajeno a la «España real», ni como una correa de transmisión automática de un «bloque de poder» monolítico sobre una población apática y analfabeta, sino como un fenómeno central para comprender la cultura política de la Restauración y las raíces sociales del poder.

En primer lugar, porque no se trataba de una novedad en la historia de España, sino de una práctica conocida desde el inicio de la construcción del Estado liberal, bien asentada a lo largo del reinado de Isabel II. En segundo término, porque tampoco era un rasgo peculiar y original de la sociedad española, sino un ejemplo de intermediación política y de patronazgo presente, en mayor o menor medida, en los países de nuestro entorno, sobre todo en los del ámbito mediterráneo, como muestran los casos de Italia y Portugal o incluso, aunque en otra escala, el de Francia. Un modelo clientelar, como ha explicado José Álvarez Junco, desarrollado en Estados centralizados y urbanos, con una Administración moderna, pero de recursos limitados, que no habían completado el proceso de nacionalización y coexistían con sociedades predominantemente agrarias en las que el poder estaba fragmentado en parcelas locales, espacios políticos donde subsistían identidades previas comunitarias y lazos tradicionales de carácter corporativo.[1]

Un fenómeno complejo que solo se empieza a comprender si se abandona la visión tradicional que estudiaba el sistema político en dirección descendente, de arriba abajo, y se observa más de cerca, en un sentido ascendente, partiendo desde la realidad concreta de los poderes locales y la estructura social y económica de las comunidades rurales. Las actitudes de conformidad y deferencia de los campesinos formaban parte de una estrategia que tenía un objetivo básico, la reproducción de la unidad familiar y el acceso a los recursos de la tierra y a los servicios de la comunidad local. Para ese fin, los vecinos de los pueblos, conscientes de lo que podían esperar de la política oficial, de un Estado percibido como algo lejano y extraño, utilizaban los medios que tenían a su alcance. A través de una red de relaciones personales, en el ámbito de una cultura escasamente

1 José Álvarez Junco, «Redes locales, lealtades tradicionales y nuevas identidades colectivas en la España del siglo XIX», en Antonio Robles Egea (comp.), *Política en penumbra. Patronazgo y clientelismo políticos en la España contemporánea*, Siglo XXI, Madrid, 1996, pp. 71-94. También, José Varela Ortega, *El poder de la influencia. Geografía del caciquismo en España (1875-1923)*, Marcial Pons, Madrid, 2001.

letrada, el *cliente*, a cambio de fidelidad, esperaba del *patrón* beneficios relacionados con la tenencia de la tierra, el precio de los arrendamientos, préstamos de capital, empleos estables y reparto de jornales. Y también toda una serie de ventajas administrativas, utilizadas de un modo arbitrario, resumidas en una famosa sentencia: al amigo el favor, al enemigo la ley.[2]

En la primavera de 1902, al alcanzar la mayoría de edad, Alfonso XIII accedió al trono de España después de jurar la Constitución, un texto que tenía ya veinticinco años de vida legal. Era un rey nuevo para un siglo nuevo. Una oportunidad para adaptar el sistema político de la Restauración a los nuevos retos y problemas que planteaba la sociedad; para cerrar las grietas que había dejado al descubierto el *Desastre* de 1898 antes de que amenazaran su propia supervivencia; para emprender, en suma, un programa de «regeneración» nacional, la palabra en boca de todos, repetida en los salones del Palacio Real, en los pasillos de las Cortes y en el último casino provinciano.

Las elites políticas pretendían, con el concurso de la Corona, encabezar una reforma desde arriba, una movilización nacionalizadora que ampliara las bases sociales del régimen sin poner en riesgo su hegemonía, evitando el peligro de una revolución. La historia política española entre 1902 y 1917 es la crónica de ese fracaso. Las razones son complejas y diversas. En primer lugar, la propia actitud de Alfonso XIII, dispuesto desde un principio a intervenir en la vida política y a no renunciar a ninguna de sus prerrogativas. En segundo término, la

2 Una síntesis reciente y de amplia perspectiva, en Carmelo Romero, *Caciques y caciquismo en España (1834-2020)*, Los Libros de la Catarata, Madrid, 2021.

crisis de los partidos tradicionales, incapaces de sostener líderes no discutidos y de convertir sus cuadros de notables en organizaciones modernas de masas. La división interna de liberales y conservadores, con facciones, clientelas y cacicatos enfrentados por el reparto del poder, impidió la estabilidad de los Gobiernos y frenó las iniciativas legislativas del Parlamento. La oportunidad de los conservadores llegó con Antonio Maura, entre 1904 y 1909; el turno de los liberales respondió al empeño de José Canalejas, una esperanza frustrada con su asesinato en 1912.

A los problemas heredados del siglo XIX, como el clericalismo o el militarismo, se sumaron otros nuevos como la guerra de Marruecos, el nacionalismo catalán, el republicanismo radical o el crecimiento del movimiento obrero organizado, capaz de canalizar las demandas populares y de superar el marco local de las acciones iniciales para emprender campañas de ámbito nacional. El primer episodio de la crisis del sistema político llegó en 1909, con el eco de la Semana Trágica de Barcelona. A partir de 1913 ya no se pudo hablar de un turno pacífico de los dos grandes partidos dinásticos. Y en los años siguientes, con Gobiernos cada vez más inestables, el impacto político, económico y social de la Gran Guerra llevó al país al verano revolucionario de 1917, un punto de no retorno en el camino hacia la descomposición final del régimen.

En la corte española imperaban todavía los usos y hábitos del Antiguo Régimen. Alfonso XIII nació siendo rey y fue educado como tal en un ambiente aristocrático, clerical y militar, en el escenario sobrio y profundamente religioso recreado por su madre, M.ª Cristina, alejado de la realidad exterior, sin relación con el pueblo. Sus compañeros de juegos habían sido los hijos de los nobles; sus instructores eran palaciegos de conocida militancia confesional y militares tradicionales con una concepción castrense de la vida pública. De esa formación vendrían sus convicciones católicas, su afición por los uniformes y los desfiles y el agrado con el que representaba su papel de rey-soldado, siempre pendiente del bienestar del Ejército. No era, desde luego, la preparación más adecuada para el jefe de Estado de una monarquía parlamentaria que tenía que afrontar los retos modernizadores del siglo XX.

Tampoco las prerrogativas regias, razonables para un monarca de mediados del siglo XIX, parecían las mejores armas para ensanchar las bases sociales del régimen y seguir por el camino de la ciudadanía democrática. Alfonso XIII era el comandante en jefe de las fuerzas armadas, con amplia potestad para nombramientos, ceses y condecoraciones de militares, como quiso dejar claro desde el primer Consejo de Ministros que presidió. Los poderes que le confería la Constitución de 1876 no terminaban ahí. Su persona era «sagrada e inviolable», irresponsable frente al Parlamento. Elegía al presidente del Gobierno, podía nombrar y separar libremente a los ministros, designaba senadores vitalicios, compartía el poder legislativo con las Cortes, a las que convocaba y disolvía, cuidaba de la administración de justicia y dirigía las relaciones diplomáticas. Consciente de sus amplias competencias, pronto mostró su voluntad de no renunciar a ellas, de intervenir en la política como un rey gobernante, no como un monarca relegado a un mero papel de moderación y representación.

La presencia de lo militar en la vida pública era muy perceptible en España. Era difícil encontrar otro Estado europeo que hubiera pasado en el siglo XIX por tantos pronunciamientos militares, revueltas populares, revoluciones y guerras civiles como los que se sucedieron entre la guerra de la Independencia y la Constitución de 1876. Y al militarismo heredado del siglo XIX se sumó la guerra de Marruecos, un conflicto que iba a marcar su historia durante décadas. Ningún país en Europa dedicó tantos recursos durante tanto tiempo para asegurar un territorio tan irrelevante. Y si tenemos en cuenta la gravedad de los acontecimientos posteriores, desde el conflicto abierto en 1921 con el desastre de Annual hasta la rebelión de julio de 1936 y su posterior brutal represión, protagonizada por los militares africanistas, una parte de la sociedad española lo pagó carísimo.

La presencia española en el norte de África había quedado fijada por el acuerdo secreto firmado con Francia en 1904 y por la Conferencia de Algeciras en 1906. Un espacio de influencia, no muy relevante en el contexto internacional, limitado a la zona montañosa del Rif. El interés de ese territorio estaba motivado, más que por su situación estratégica o por sus posibles beneficios económicos, por una cuestión de prestigio nacional, maltrecho desde la pérdida de las colonias. Los altercados y enfrentamientos con las cabilas vecinas, visibles desde 1908, se hicieron más frecuentes en 1909, sobre todo alrededor de las minas de hierro explotadas cerca de Melilla.[3]

3 Sobre la guerra de Marruecos y su incidencia en la política española puede verse Sebastian Balfour, *Abrazo mortal: de la guerra colonial a la Guerra Civil de España y Marruecos (1909-1939)*, Península, Barcelona, 2002; Federico Villalobos Goyarrola, *El sueño colonial: las guerras de España en Marruecos*, Ariel, Barcelona, 2004; María Rosa de Madariaga, *En el Barranco del Lobo: las guerras de Marruecos*, Alianza Editorial, Madrid, 2005; y Pablo La Porte, *La atracción del imán. El desastre de Annual y sus repercusiones en la política europea (1921-1923)*, Biblioteca Nueva, Madrid, 2001.

Tras los graves sucesos de julio de 1909 —la masacre de una columna militar en el Barranco del Lobo—, la *Semana Trágica,* el descontento generado por la guerra y la hostilidad hacia el injusto sistema de reclutamiento demostraron que eran un buen recurso para movilizar a la población. En una época en la que el imperialismo nacionalista incitaba a las masas populares de las potencias europeas a identificarse con el Estado, en España se producía el fenómeno contrario. Tras haber perdido los últimos restos del imperio colonial, era incapaz de derrotar a un enemigo insignificante situado en las puertas de su propia casa. El recuerdo del «Desastre» del 98 y las escenas vividas en el verano de 1909 agrietaron la legitimidad del sistema de la Restauración y anunciaron la crisis de hegemonía del Estado, irreversible a partir de 1917, pese a que España no participó en la Primera Guerra Mundial y de sus irreparables consecuencias.

Desde los primeros pasos de su reinado, Alfonso XIII y los militares obligaron a los políticos a ceder a sus exigencias. En marzo de 1906 se aprobó la Ley para la Represión de los Delitos contra la Patria y el Ejército, conocida como ley de Jurisdicciones, que incluía los ataques de la prensa dentro del fuero militar. Los militares podían confiar en la violencia como una estrategia exitosa para lograr sus fines, algo que pondrían en práctica en el futuro cada vez que sintieran amenazados sus intereses corporativos o pensaran, como guardianes de los valores patrios, que la integridad nacional estaba en peligro.

En España, la inexistencia de cuerpos de policía dejaba en manos militares el mantenimiento del orden público y la represión de cualquier tipo de disturbio, por pequeño que fuera. El empleo inadecuado de la guardia civil, armada con fusiles máuser, y el recurso constante al ejército provocaban un grado de violencia desproporcionado, la sujeción de los paisanos detenidos a la jurisdicción militar y la hostilidad de la población hacia las fuerzas armadas.

Todo eso aumentó la distancia que separaba al Ejército de la sociedad civil, el sentimiento antimilitarista de una parte importante de la población, avivado, sobre todo desde 1898, por el mantenimiento de un sistema de reclutamiento injusto y el recurso constante a los cuarteles cada vez que el orden público se veía amenazado.[4]

Hasta que llegó la Segunda República, la sociedad española pareció mantenerse un poco al margen de las dificultades y trastornos que sacudían a la mayoría de los países vecinos desde 1914. España no participó en la Primera Guerra Mundial y no sufrió, por lo tanto, la fuerte conmoción que esa guerra provocó, con la caída de los imperios y de sus servidores, la desmovilización de millones de excombatientes y el endeudamiento para pagar las enormes sumas de dinero dedicadas al esfuerzo bélico. Pero compartía, no obstante, esa división y tensión, que acompañó al proceso de modernización, entre quienes temían al bolchevismo y a las diferentes manifestaciones del socialismo, amantes del orden y la autoridad, y los que soñaban con ese mundo nuevo e igualitario que surgiría de la lucha a muerte entre las clases sociales.

4 Sobre el militarismo en aquellos años es básica la obra de Carolyn P. Boyd *La política pretoriana en el reinado de Alfonso XIII*, Alianza Editorial, Madrid, 1990. Y también, Eduardo González Calleja, *La razón de la fuerza. Orden público, subversión y violencia política en la España de la Restauración (1875-1917)*, CSIC, Madrid, 1998. Sobre el reinado de Alfonso XIII y la figura del monarca, Javier Moreno Luzón, *El rey patriota: Alfonso XIII y la nación*, Galaxia Gutenberg, Barcelona, 2023.

Aunque España fue neutral, la Gran Guerra tuvo un notable impacto económico y social, al que se sumaron los problemas derivados del corporativismo del Ejército, la deriva autoritaria de la Corona, el recrudecimiento del conflicto colonial marroquí, la intensidad de la movilización sindical y las protestas populares, con el eco de la revolución rusa, el pistolerismo anarquista y de la patronal, las reivindicaciones nacionalistas y la defección de los sectores conservadores, las asociaciones católicas y los grupos empresariales, cada vez más proclives a soluciones antiparlamentarias.

Si en esos años hubo un escenario donde se vieran frente a frente el poder sindical de la clase obrera organizada, el miedo de los propietarios a la subversión del orden establecido, la preocupación de los gobernantes por la espiral huelguística y la violencia social y la presencia de los uniformes militares en las calles, ese lugar fue, sin duda, Barcelona.

Los planteamientos más moderados de la anarcosindicalista Confederación Nacional del Trabajo, fundada en 1910, quedaron arrinconados en favor de los grupos de acción, dispuestos al enfrentamiento violento y las soluciones de fuerza. Los empresarios más radicales financiaron cuerpos de seguridad privada, algunos convertidos en bandas de pistoleros, organizaron asociaciones de obreros no revolucionarios, el denominado Sindicato Libre, de orientación carlista, que declaró la guerra a muerte a los cenetistas, y resucitaron el *somatén* tradicional para convertirlo en una red de fuerzas vecinales de autodefensa que llegaron a contar con más de 60 000 hombres armados.

El 8 de marzo de 1921 tres anarquistas asesinaron a Eduardo Dato, jefe del Gobierno, y cuatro meses después, el descalabro sufrido por el ejército español en

Annual, con la asombrosa victoria de Abd-el-Krim, que con apenas 4000 guerreros llegó casi a exterminar un ejército moderno compuesto por 15 000 soldados, tuvo consecuencias profundas.

En un principio, el Gobierno de Maura se limitó a hablar de responsabilidades militares y para ello encargó un informe oficial al general Juan Picasso, un ejemplo de rigor y eficacia intachables. Pero a finales de octubre de 1921, cuando se abrieron las Cortes, la oposición exigió hablar también de responsabilidades políticas y los debates sobre esa cuestión se sucedieron uno tras otro. Salió a relucir la incompetencia militar, la causa principal de la catástrofe, y también el absentismo de la oficialidad, la corrupción e ineficacia que reinaban en el seno del ejército de África y el enorme agujero que su mantenimiento dejaba en la Hacienda pública. Y las protestas llegaron más arriba, a los políticos gobernantes y también al monarca.

Las críticas públicas dirigidas al papel desempeñado por el rey, decidido defensor del intervencionismo colonial, deterioraron notablemente su prestigio y socavaron aún más los cimientos del régimen ensanchando la brecha que lo distanciaba de una parte importante de las fuerzas sociales del país. Un régimen en ruinas, atacado desde fuera y minado desde dentro, al que nadie defendió cuando el general Miguel Primo de Rivera lo derribó en septiembre de 1923, poniendo fin a la larga experiencia constitucional de la Restauración.

El 13 de septiembre de 1923 el levantamiento militar de Miguel Primo de Rivera, capitán general de Cataluña, acabó con el Gobierno constitucional y accedió al poder con el beneplácito del rey, el apoyo del Ejército, la adhesión de las organizaciones patronales y católicas y la indiferencia y pasividad de la mayoría de la población.

En una primera etapa, hasta la primavera de 1924, el dictador se propuso terminar con rapidez con el desorden público, la amenaza de los nacionalismos, el asunto de las «responsabilidades» del desastre de Marruecos y la lacra del caciquismo, a su juicio los males principales que aquejaban a España. Un «cirujano de hierro» al que no le iba a temblar la mano.

A partir de ese momento, las medidas excepcionales dictadas a golpe de decreto dieron paso a un proceso de institucionalización. Si el régimen quería perdurar, tenía que abordar los problemas sociales y económicos y emprender la movilización de sus apoyos sociales, fundamentalmente el Somatén y la Unión Patriótica. En el otoño de 1925, aprovechando el éxito de la campaña militar de Marruecos, el dictador comenzó a pensar en una salida política que le diera legitimidad y estabilidad. Antes de acabar el año, el Directorio militar dejó paso a un Gobierno de carácter civil que impulsó reformas administrativas y una legislación de carácter social que redujo notablemente la conflictividad laboral. En el verano de 1926 se puso en marcha la creación de un Parlamento corporativo, la Asamblea Nacional, que abrió sus puertas un año más tarde con el encargo de redactar un nuevo texto constitucional.

Pero era demasiado tarde. Desde finales de 1928 Primo de Rivera fue perdiendo apoyos, al tiempo que engrosaba la lista de sus enemigos. La oposición de una parte del Ejército, la rebelión estudiantil, la sucesión de complots y conspiraciones, la desafección de las asociaciones patronales y de la UGT, el distanciamiento del rey y la organización de la oposición política en torno al republicanismo provocaron la descomposición del régimen y el aislamiento del dictador, que tuvo que dimitir en enero de 1930. La esperanza de Alfonso XIII de cerrar un paréntesis de siete años y volver a la situación anterior como si nada hubiera pasado fue una ilusión que apenas iba a durar un año. La suerte de la monarquía estaba unida a la de la Dictadura que había consentido y aprobado.[5]

Esa dictadura no fue un hecho único, una salida original a la crisis del sistema liberal o un acontecimiento peculiar de la historia contemporánea de España, sino uno más de los regímenes militares o semimilitares de corte autoritario surgidos en Europa en aquellos años. Ante el descrédito de los partidos tradicionales y la falta de capacidad o de voluntad política de las elites para propiciar ese cambio, el Ejército y la burocracia, con el apoyo de la monarquía, fueron las instituciones capaces de tomar el poder y salvaguardar el orden social amenazado por el fantasma de la revolución obrera.

Primo de Rivera compartía con Benito Mussolini el rechazo a la democracia y al parlamentarismo, la apelación nacionalista al uso de la fuerza y la coacción para terminar con el «caos» revolucionario y la apuesta por un Estado corporativo que regulara las relaciones sociales. Pero Primo de Rivera no llegó al poder a través de la movilización de masas. España no había vivido la Primera Guerra Mundial, ni la «cultura de la derrota», ni la «victoria mutilada», ni todavía había tenido gobiernos democráticos que, como en las repúblicas surgidas tras esa guerra, habían permitido la participación activa de amplios sectores de la población, con sistemas electorales libres, incluido el voto de las mujeres.

5 Una aproximación reciente al dictador y su tiempo, en Alejandro Quiroga, *Miguel Primo de Rivera: Dictadura, populismo y nación*, Crítica, Barcelona, 2022.

El dictador salvó varios intentos de derrocar su régimen por la fuerza, pero el malestar y los conflictos se dispararon desde mediados de 1929. La situación económica se había deteriorado. Alfonso XIII le retiró su confianza y maniobró, sin éxito, para encontrar apoyos que le permitieran volver a la situación anterior al golpe de Estado y salvar de paso a la Corona. El sueño de un Estado autoritario y corporativo se desvanecía. Desengañado, débil y enfermo de diabetes, Primo de Rivera realizó en enero de 1930 una consulta a los capitanes generales, que no le transmitieron su apoyo. Acudió el 27 de ese mes al Palacio Real a presentar su dimisión y se fue de España. Murió en París dos meses después, con sesenta años.

Alfonso XIII desoyó las voces que clamaban por la convocatoria de Cortes constituyentes y nombró al general Dámaso Berenguer como presidente del Gobierno con la esperanza vana de cerrar un paréntesis, como si no hubiera pasado nada y se pudiera recuperar la «normalidad» política anterior a 1923. Pero, como escribió Miguel Maura, de la Constitución, «hecha jirones» después de seis años de violación continuada de todos sus preceptos, no quedaba sino el recuerdo: «Pretender, en 1930, resucitar el texto de esa misma ley fundamental era, además de una insigne torpeza, un sarcasmo que el país no podía perdonar, y quizá fue la causa principal de la repulsa a la persona del monarca, que la masa de opinión tradicionalmente monárquica mostró en los votos del 12 de abril de 1931». El régimen de la Restauración, sentenció Azaña, «forzado a elegir entre someterse o tiranizar, eligió tiranizar, jugándose el todo por el todo. Pues bien, se lo jugó y lo ha perdido».[6]

6 Miguel Maura, *Así cayó Alfonso XIII,* Ariel, Barcelona, 1966.

A la monarquía española no la derribó una guerra, sino su incapacidad para ofrecer a los españoles una transición desde un régimen oligárquico y caciquil a otro reformista y democrático.

2.

República

Las elecciones municipales del 12 de abril de 1931 se convirtieron en un plebiscito entre monarquía y república. Los republicanos ganaron en la mayoría de las capitales de provincia y el rey Alfonso XIII se vio obligado a abandonar España. Lo hizo desde Cartagena y cuando llegó a París declaró que la República era «una tormenta que pasará rápidamente».[1] Tardó en pasar, sin embargo, más de lo que el destronado rey pensaba, o deseaba. Cinco años duró esa República en paz, antes de que una sublevación militar y una guerra la destruyeran por las armas.

La República llegó con celebraciones populares. La multitud se echó a la calle, como puede comprobarse en la prensa, en las fotografías de la época, en los numerosos testimonios de contemporáneos que quisieron dejar constancia de aquel gran cambio que tenía algo de mágico, que llegaba de forma pacífica, sin sangre. El Comité revolucionario no aguardó al traspaso de poderes y sus miembros se convirtieron, como consecuencia del

1 Citado en Eduardo González Calleja, «El ex-rey», en Javier Moreno Luzón (ed.), *Alfonso XIII. Un político en el trono,* Marcial Pons, Madrid, 2003, p. 406.

resultado electoral y de la presión popular, en Gobierno provisional de la República. Era la tarde del 14 de abril. Niceto Alcalá Zamora salió al balcón del Ministerio de Gobernación y, en un mensaje transmitido por radio, proclamó oficialmente la República.

El Gobierno lo presidía Alcalá Zamora, exmonárquico, católico y hombre de orden, una pieza clave para mantener el posible y necesario apoyo al nuevo régimen de los republicanos más moderados. Había, además del presidente, once ministros, entre quienes destacaban Alejandro Lerroux, el viejo «Emperador del Paralelo», líder del principal partido republicano, el Radical, y Manuel Azaña, que encabezaba la representación de los republicanos de izquierda y que ocupó el Ministerio de Guerra. Por primera vez en la historia de España, entraron a formar parte también del Gobierno de la nación los socialistas, con tres ministros: Fernando de los Ríos, en Justicia; Indalecio Prieto, en Hacienda, y Francisco Largo Caballero, en el Ministerio de Trabajo.

En los dos primeros años de República, los Gobiernos de coalición de republicanos y socialistas emprendieron reformas políticas profundas que afectaron al Estado, a la Iglesia, al Ejército y a casi todos los sectores de la sociedad. Tal proyecto reformista encarnaba, en conjunto, la fe en el progreso y en una transformación política y social que barrería la estructura caciquil y el poder de las instituciones militar y eclesiástica. Así comenzaba a caminar la República.

Esas reformas abrieron un abismo entre la Iglesia y el Estado, los propietarios y los trabajadores, los defensores del orden tradicional y los que apoyaban a la República. Hubo casi desde el principio serios problemas de orden público, múltiples protestas, insurrecciones campesinas y ruido de sables, incluido el primer intento de golpe militar contra la legalidad republicana. La mezcla de grandes expectativas, reformas, conflictos y resistencias marcó la evolución de la República durante ese primer bienio.[2]

El camino marcado por el Gobierno provisional pasaba por convocar elecciones a Cortes y dotar a la República de una Constitución. Elecciones con sufragio universal, masculino y femenino, Gobiernos representativos y responsables ante los parlamentos y obediencia a las leyes y a la Constitución eran las señas de identidad de los sistemas democráticos europeos.

Las elecciones generales a Cortes constituyentes se celebraron el 28 de junio. Según el decreto de convocatoria, que modificó la ley electoral de 1907, habría una única Cámara, en vez de las dos que tenía el Parlamento monárquico. La edad mínima para votar se rebajó de veinticinco a veintitrés años y se mantuvo la exclusividad del sufragio masculino, aunque las mujeres podrían ser ya candidatas, dejando para las futuras Cortes la decisión de conceder el voto a las mujeres. Para corregir las tradicionales prácticas caciquiles y fraudulentas, el voto por distritos uninominales se sustituyó por listas abiertas, con circunscripciones por provincias. Al eliminar los pequeños distritos, el sistema electoral implantado por la República atacó a fondo las raíces del caciquismo e introdujo elecciones libres y limpias por primera vez en la historia de España.

El triunfo de las candidaturas de la coalición republicano-socialista fue arrollador. Las Cortes salidas de

2 Análisis más detallados y completos del período republicano y de la Guerra Civil los he abordado en *República y guerra civil,* Crítica, Barcelona, 2007, y en *España partida en dos. Breve historia de la guerra civil,* Crítica, Barcelona, 2013.

las primeras elecciones generales de la República, de 470 diputados, reunieron a diecinueve partidos o grupos. La principal novedad del mapa electoral fue que el Partido Socialista, que nunca había pasado de 7 diputados con la Monarquía, tenía ahora 115.

Casi todos los diputados iban a las Cortes por primera vez. Había muchos intelectuales, periodistas, profesores, abogados y también muchos obreros. Y por primera vez en la historia, tres mujeres: las republicanas Clara Campoamor y Victoria Kent y la socialista Margarita Nelken. No había signo alguno en aquellas Cortes de una radicalización o polarización de la vida política española. No había todavía una extrema derecha sólida, y menos aún un partido fascista, mientras que el Partido Comunista, opuesto entonces frontalmente a la «República burguesa», obtuvo resultados muy bajos y ningún diputado. Dos componentes esenciales del proceso de radicalización del escenario europeo, el fascismo y el comunismo, estaban ausentes en España, aunque sí que existía un poderoso movimiento anarcosindicalista al margen de esas Cortes constituyentes.

Las organizaciones de derecha no republicana apenas sumaron 50 diputados y solo ellos parecían dispuestos a defender los intereses del orden tradicional y de la Iglesia católica. Y eso no reflejaba las posiciones de sectores muy amplios de la sociedad española que tenían mucho poder económico, social y cultural, pero no estaban en las Cortes y no iban a poder influir en la elaboración de la Constitución. Porque la República no fue la conquista de un movimiento republicano con raíces sociales profundas, sino el resultado de una movilización popular contra la monarquía, que recogió los frutos en el momento en que al rey le fallaron todos sus apoyos sociales e institucionales.

Pero eso no significaba necesariamente que los fundamentos de la República y de la democracia fueran débiles desde el principio. Los resultados de las elecciones de junio de 1931 mostraron que una gran parte de los españoles tenían sus esperanzas puestas en ese nuevo régimen. Todo lo que vino después, las debilidades y fortalezas del sistema, sus logros y fracasos, hasta el golpe de Estado de julio de 1936, tiene explicaciones históricas y no había ningún final fatal ya predestinado en los mismos orígenes de esa República democrática.

Una de las tareas primordiales de las Cortes era elaborar y aprobar la primera Constitución republicana de la historia de España. Desde el 28 de agosto hasta el 1 de diciembre de 1931, las Cortes debatieron el proyecto presentado por una comisión parlamentaria. La Constitución que salió de todas esas discusiones, aprobada finalmente por las Cortes el 9 de diciembre de 1931, definía a España, en el artículo primero, como «una República democrática de trabajadores de toda clase». Esa Constitución declaraba también la no confesionalidad del Estado, eliminaba la financiación estatal del clero, introducía el matrimonio civil y el divorcio y prohibía el ejercicio de la enseñanza a las órdenes religiosas. Su artículo 36, tras acalorados debates, otorgó el voto a las mujeres.

Una vez aprobada esa Constitución democrática y laica, que consagraba la supremacía del poder legislativo, debía elegirse presidente de la República. No sería elegido por sufragio universal directo, como se había previsto en un principio siguiendo el modelo de otras repúblicas europeas, sino por las Cortes. El Gobierno había pactado que saliera Niceto Alcalá Zamora, en un intento de recuperar a ese sector republicano más conservador que había mostrado su oposición a los artículos sobre la cuestión religiosa.

Manuel Azaña recibió el encargo de formar Gobierno. Su intención era que continuaran representadas todas las fuerzas que estaban en el Ejecutivo desde la proclamación de la República. Lerroux se negó a seguir en el Gobierno con los socialistas. Azaña optó por los socialistas. La alianza entre republicanos de izquierda, que sumaban unos 150 diputados, y los socialistas, con 115, podía garantizar la gobernabilidad, teniendo en cuenta, además, que quien pasaba a la oposición, con 94 diputados, era un partido republicano histórico, el Radical de Lerroux, y la oposición monárquica o católica era entonces muy débil.

Ese Gobierno, con Azaña de presidente y de ministro de la Guerra, se mantuvo en pie casi dos años, todo un récord vista la historia posterior de la República. Desde la llegada de la República en abril de 1931 hasta la destitución de Azaña en septiembre de 1933, los Gobiernos de coalición de republicanos y socialistas acometieron la reorganización del Ejército, la separación de la Iglesia y el Estado, y tomaron medidas radicales y profundas sobre la distribución de la propiedad agraria, los salarios de las clases trabajadoras, la protección laboral y la educación pública. Nunca en la historia de España se había asistido a un período tan intenso de cambio y conflicto, logros democráticos y conquistas sociales.

La República encontró muchas dificultades para consolidarse y tuvo que enfrentarse a fuertes desafíos desde arriba y desde abajo. Pasó dos años de relativa estabilidad, un segundo bienio de inestabilidad política y unos meses finales de acoso y derribo. Los primeros desafíos fuertes, y los que más se vieron porque solían acabar en enfrentamientos con las fuerzas de orden público, llegaron desde abajo, desde las protestas sociales y después insurrecciones, de anarquistas y socialistas. El golpe de muerte, el que la derribó por las armas, nació, sin embargo, desde arriba y desde dentro, desde el mismo seno de sus fuerzas armadas y desde los poderosos grupos de orden que nunca toleraron la República.

Antes de que eso ocurriera, la República ya había vivido graves alteraciones del orden, como la rebelión militar del general José Sanjurjo en agosto de 1932, las insurrecciones anarquistas de 1932 y 1933, y sobre todo el movimiento revolucionario de octubre de 1934. Esas rebeldías armadas hicieron mucho más difícil la supervivencia de la República y del sistema parlamentario, demostraron que hubo un recurso habitual a la violencia por parte de algunos sectores de la izquierda, de los militares y de los guardianes del orden tradicional, pero no causaron el final de la República ni mucho menos el inicio de la Guerra Civil. Y todo porque mientras las fuerzas armadas y de seguridad del Estado se mantuvieron unidas y fieles al régimen, los movimientos insurreccionales pudieron sofocarse, aunque fuera con un coste alto de sangre.

En febrero de 1936 hubo elecciones libres, en las que la CEDA, como los demás partidos, puso todos sus medios, que eran muchos, para ganarlas. Las perdió y su espacio político lo comenzaron a ocupar las fuerzas extraparlamentarias y antisistema de la ultraderecha. No había en esos momentos en España un movimiento fascista de masas, como lo había en Italia en 1922 o en Alemania en 1933, porque España no participó en la Primera Guerra Mundial y no tuvo, por lo tanto, masas de excombatientes que pudieran engrosar las filas de organizaciones paramilitares, caldo de cultivo esencial del fascismo como movimiento político y social. Y tampoco sufrió España las consecuencias de la crisis económica de 1929 de una forma tan severa como otros países, a la vez que la debilidad del nacionalismo español y el peso de burocracias tradicionales y reaccionarias, como el Ejército y la Iglesia católica, impedían el avance de un movimiento cuyos principios se identificaban precisamente con un nacionalismo radical y moderno que movilizó a las clases medias contra la revolución, pero también frente a las prácticas políticas de las clases medias establecidas.

Apenas tres años después de su aparición, sin embargo, Falange Española y de las JONS, fundada por José Antonio Primo de Rivera en octubre de 1933, junto con los monárquicos de Renovación Española, liderados por José Calvo Sotelo, el carlismo y las masas del catolicismo político, estaban en primera fila en el acoso y derribo violento de la República. Pusieron todo su empeño y utilizaron todos los mecanismos sociales y económicos a su disposición para hacer imposible el proyecto reformista republicano, la consolidación de la presencia obrera y del poder representativo obtenido por las organizaciones de izquierda.

En los primeros meses de 1936, la sociedad española estaba muy fragmentada, con la convivencia bastante deteriorada, y, como pasaba en todos los países europeos, posiblemente con la excepción de Gran Bretaña, el rechazo de la democracia liberal a favor del autoritarismo avanzaba a pasos agigantados. Nada de eso conducía necesariamente a una guerra civil. Esta empezó porque una sublevación militar debilitó y socavó la capacidad del Estado y del Gobierno republicanos para mantener el orden. La división del Ejército y de las fuerzas de seguridad impidió el triunfo de la rebelión, el logro de su principal objetivo: hacerse rápidamente con el poder. Pero, al minar decisivamente la capacidad del

Gobierno para mantener el orden, ese golpe de Estado dio paso a la violencia abierta, sin precedentes, de los grupos que lo apoyaron y de los que se oponían. En ese momento, y no en octubre de 1934 o en la primavera de 1936, comenzó la Guerra Civil.

De la organización de la conspiración se encargaron algunos militares de extrema derecha y la Unión Militar Española (UME), una organización semisecreta, antiizquierdista, que incluía a unos cuantos centenares de jefes y oficiales. El 8 de marzo, Francisco Franco, los generales Mola, Orgaz, Villegas, Fanjul, Rodríguez del Barrio, García de la Herrán, Varela, González Carrasco, Ponte, Saliquet y el teniente coronel Valentín Galarza se reunieron en Madrid, en casa de José Delgado, corredor de bolsa y amigo de Gil Robles, «para acordar un alzamiento que restableciera el orden en el interior y el prestigio internacional de España», según consta en los documentos conservados sobre «la preparación y desarrollo del Alzamiento Nacional». Y los asistentes mostraron también su acuerdo en que el general Sanjurjo, que vivía entonces en Portugal, encabezara la sublevación.[3]

El principal protagonista de la trama, sin embargo, acabó siendo el general Mola, quien se entrevistó con los distintos jefes de la rebelión y dictó, con el pseudónimo de «El Director», varios informes, instrucciones y anexos reservados para el mando de las diferentes divisiones. La primera de las «cinco instrucciones reservadas» la firmó el 25 de mayo, bastante más tarde de las fechas que habían barajado para el golpe en esa reunión

3 «Copia de los documentos facilitados por el teniente coronel don Emiliano Fernández Cordón, referentes a la preparación y desarrollo del Alzamiento Nacional» (75 páginas), Servicio Histórico Militar, Madrid. Las citas que siguen del general Mola están incluidas también en ese documento.

del 8 de marzo, y Mola expuso en ella las condiciones necesarias «para que la rebeldía pueda alcanzar completo éxito». Fue también en esa primera «instrucción reservada» donde Mola dejó sentenciada la necesidad de una violenta represión: «Se tendrá en cuenta que la acción ha de ser en extremo violenta para reducir lo antes posible al enemigo, que es fuerte y bien organizado. Desde luego serán encarcelados todos los directivos de los partidos políticos, sociedades o sindicatos no afectos al Movimiento, aplicándose castigos ejemplares a dichos individuos para estrangular los movimientos de rebeldía o huelgas».

La respuesta de los militares a sumarse al golpe fue lenta, pero cuando Mola redactó esa primera «instrucción reservada» ya sabía que las guarniciones de Marruecos estaban dispuestas a sublevarse. A finales de junio los conspiradores militares se habían repartido ya los cometidos en las diferentes regiones. El 4 de julio el acaudalado Juan March aceptó aportar el dinero para conseguir el avión que trasladaría a Franco desde Canarias a Marruecos. El avión, un De Havilland Dragon Rapide, fue alquilado dos días después en Inglaterra, con las 2000 libras esterlinas proporcionadas por March a Luis Bolín, el corresponsal del periódico *ABC* en ese país.

El asesinato de José Calvo Sotelo convenció a los golpistas de la necesidad urgente de intervenir y sumó al golpe a muchos indecisos, que estaban esperando a que las cosas estuvieran muy claras para decir que sí y comprometer con más garantías sus sueldos y sus vidas. En la tarde del domingo 12 de julio, varios pistoleros de extrema derecha, tradicionalistas, asesinaron en una calle céntrica de Madrid a José del Castillo, teniente de la guardia de Asalto, de conocida afiliación socialista.

Unas horas después, en la madrugada del día siguiente, algunos de sus compañeros policías, dirigidos por un capitán de la Guardia Civil, Fernando Condés, quien, como Del Castillo, había sido antes oficial del ejército en Marruecos, fueron al domicilio de Calvo Sotelo, en el número 89 de la calle Velázquez, y, cuando supuestamente lo llevaban al cuartel central de Pontejos, lo asesinaron y dejaron su cadáver abandonado en el depósito del cementerio de la Almudena.[4]

Calvo Sotelo había mantenido en los meses anteriores duros enfrentamientos dialécticos en las Cortes con la izquierda, y su asesinato, cometido por miembros de las fuerzas de policía de la República, causó una gran indignación entre sus seguidores y los políticos de la derecha. El dirigente monárquico Antonio Goicochea pronunció en una oración fúnebre en su sepelio las palabras después tan repetidas: «Empeñamos solemne juramento de consagrar nuestra vida a esta triple labor: imitar tu ejemplo, vengar tu muerte y salvar a España». Gil Robles, en la sesión de la Diputación Permanente de las Cortes, celebrada el 15 de julio, les dijo a los representantes de la izquierda: «la sangre del señor Calvo Sotelo está sobre vosotros». El Gobierno no estaba comprometido con el crimen, dijo el líder de la CEDA, pero sí que tenía «responsabilidad moral» por «patrocinar la violencia».[5]

El general Franco, cuando recibió la noticia en la mañana del 13 de julio, le dijo a quien se la dio, el coronel Teódulo González Peral, palabras divulgadas

4 Ian Gibson, *La noche que mataron a Calvo Sotelo,* Argos Vergara, Barcelona, 1982.

5 José María Gil Robles, *No fue posible la paz,* Planeta, Barcelona, 1978, pp. 749-765.

siempre después por los apologistas del golpe para mostrar la conexión entre ese asesinato y la decisión final de Franco de intervenir: «La patria ya cuenta con otro mártir. No se puede esperar más. ¡Es la señal!».[6] Al día siguiente, el Dragon Rapide llegó a Canarias. En la tarde del 17 de julio se sublevaron en Marruecos las guarniciones de Melilla, Tetuán y Ceuta. El día 18, de madrugada, Franco firmó una declaración de estado de guerra y se pronunció contra el Gobierno de la República. El 19 de julio llegó a Tetuán. Mientras tanto, otras muchas guarniciones militares de la península se sumaban al golpe. Era el fin de la República en paz.

6 Paul Preston, *Franco. A Biography,* HarperCollins, Londres, 1993, p. 137.

3.

Guerra

Los militares que planearon la sublevación sabían que tenían importantes apoyos y pensaban en un rápido triunfo. Las cosas no salieron así, sin embargo, y lo que resultó de esa sublevación fue una larga guerra civil de casi tres años.

Dentro de esa guerra hubo varias y diferentes contiendas. En primer lugar, un conflicto militar, iniciado cuando el golpe de Estado enterró las soluciones políticas y puso en su lugar las armas. Fue también una guerra de clases, entre diferentes concepciones del orden social, una guerra de religión, entre el catolicismo y el anticlericalismo, una guerra en torno a la idea de la patria y de la nación, y una guerra de ideas, de credos que estaban entonces en pugna en el escenario internacional. Una guerra imposible de reducir a un conflicto entre comunismo o fascismo o entre el fascismo y la democracia. En la guerra civil española cristalizaron, en suma, batallas universales entre propietarios y trabajadores, Iglesia y Estado, entre oscurantismo y modernización, dirimidas en un marco internacional desequilibrado por la crisis de las democracias y la irrupción del comunismo y del fascismo.

España quedó partida en dos. La República en guerra pasó por tres diferentes etapas, con tres presidentes de Gobierno. La revolución y los sindicatos dominaron durante el primer año, antes de que el socialista Juan Negrín se convirtiera en su principal dirigente. Los sublevados contra la República tuvieron menos dificultades para encontrar un mando único militar y político, y el general Francisco Franco fue desde el 1 de octubre de 1936 su jefe indiscutible.

La sublevación triunfó en casi todo el norte y noroeste de España: en Galicia, León, la vieja Castilla, Oviedo, Álava, Navarra, y en las tres capitales de Aragón; en las islas Canarias y Baleares, excepto en Menorca; y en amplias zonas de Extremadura y Andalucía, incluidas las ciudades de Cáceres, Cádiz, Sevilla, Córdoba, Granada y, desde el 29 de julio, Huelva. Los militares insurrectos fueron derrotados, sin embargo, en la mayoría de las grandes ciudades, en Madrid, Barcelona o Valencia, donde encontraron la resistencia aliada de otras fuerzas armadas leales a la República y de militantes de las organizaciones políticas y sindicales. La división del Ejército y de las fuerzas de seguridad impidió el triunfo de la rebelión militar, el logro de su principal objetivo: hacerse rápidamente con el poder.

No fue, por consiguiente, el Ejército «en bloque» el que se sublevó contra la República. De los dieciocho generales con mando de división únicamente se sublevaron cuatro: Cabanellas, Queipo, Goded y Franco. La parte más activa de la sublevación la llevó el cuerpo de oficiales, que arrastró con su actuación a bastantes jefes no implicados al principio y que no tuvieron ningún problema en utilizar la violencia frente a los indecisos o frente a quienes se oponían a sus planes. De los 15 301 oficiales de todas las Armas, Cuerpos y Servicios que había en julio de 1936, poco más de la mitad eran claros partidarios de la rebelión. Los sublevados contaban inicialmente con unos 120 000 hombres armados, de los 254 000 que había en ese momento en la península, en las islas y en África, incluyendo a las fuerzas de orden público.[1]

Confluyeron, sin embargo, varios factores que dieron superioridad a los sublevados y disminuyeron la eficacia de quienes permanecieron leales a la República. Por un lado, la orden general del Gobierno republicano de desmovilizar a los soldados, concebida para restarle fuerza a los militares rebeldes, consiguió los efectos contrarios porque muchos de esos soldados, en aquellas zonas donde fracasó la sublevación, se negaron después a volver a sus unidades y, bajo el amparo de la movilización popular y revolucionaria, ingresaron en las milicias. Una parte sustancial de lo que podía haber sido desde el principio el ejército republicano quedó roto, en unidades dispersas y sin posibilidad alguna de imponer su disciplina ante las milicias, «el pueblo en armas», que emergían por todas partes.

Entre los sublevados, por el contrario, todo era muy diferente porque, pese a que el ejército peninsular tampoco estaba muy preparado para la guerra, contaban con fuerzas disciplinadas y organizadas y sobre todo dispusieron desde el principio del ejército de África, de la casi totalidad de sus 1600 jefes y oficiales y de los 40 000 hombres bajo su mando. Su tropa más afamada y mejor adiestrada era el llamado Tercio de Extranjeros, la Legión, fundada por Millán Astray y Franco en 1920.

1 Un buen balance, en Gabriel Cardona, *Historia militar de una guerra civil. Estrategias y tácticas de la guerra de España,* Flor del Viento, Barcelona, 2006.

Al lado de la Legión estaban además las Fuerzas Regulares Indígenas, formadas por mercenarios marroquíes y algunos españoles. El problema era pasar esas tropas a la península. Franco recurrió entonces a la ayuda de Hitler y Mussolini. A partir del 29 de julio comenzaron a salir con destino a Tetuán una veintena de aviones de transporte, Junker 52, y seis cazas Heinkel. Mussolini resolvió apoyar también a los militares rebeldes y el 28 de julio envió una escuadrilla de doce bombarderos Savoia-Marchetti S.81 y dos buques mercantes con cazas Fiat C.R.32. Todos esos aviones permitieron a Franco eludir el bloqueo naval de la marina republicana, pasar las tropas a Andalucía y empezar así el avance sobre Madrid. El 7 de agosto, un día después de que un convoy de tropas africanas cruzara el Estrecho, Franco estaba ya instalado en Sevilla.

Franco tenía a su disposición las fuerzas militares del protectorado marroquí y el general Emilio Mola contaba en Navarra con el apoyo unánime del Requeté. Al frente de la sublevación debía ponerse el general José Sanjurjo, algo que no fue posible porque el avión que le trasladaba a España el 20 de julio desde su exilio en Portugal se estrelló nada más despegar y se incendió cerca del aeródromo de Cascais. La muerte de Sanjurjo y el fracaso de Fanjul y Goded en sus insurrecciones en Madrid y Barcelona obligaron a reorganizar los planes de los militares rebeldes. El 21 de julio, Mola se trasladó en avión a Zaragoza para hablar con el general Miguel Cabanellas, que se había sublevado con éxito en la capital aragonesa, e invitarle a presidir la Junta de Defensa Nacional, el primer órgano de coordinación militar en la zona sublevada, que se formó en Burgos tres días después.

El jefe de Gobierno, el republicano Santiago Casares Quiroga, temeroso de la revolución y del desorden popular que podía estallar, ordenó a los gobernadores civiles que no repartieran armas entre las organizaciones obreras. Poco más pudo hacer porque la celeridad de los acontecimientos se lo tragó. Dimitió el 18 de julio por la noche. La mañana del 19 de julio aceptó el encargo José Giral, amigo y hombre de confianza de Manuel Azaña. En ese Gobierno solo había republicanos de izquierda. Giral dio el paso decisivo de armar a los militantes obreros y republicanos más comprometidos, que salieron a las calles a combatir a los sublevados allí donde la fidelidad de algunos mandos militares, o la indecisión de otros, lo permitió.

Resulta innecesario, por lo tanto, seguir alimentando mitos. No fue el pueblo, «el pueblo en armas», quien venció solo a los rebeldes en las calles de las principales ciudades españolas. El Estado republicano, sin embargo, al perder el monopolio de las armas, no pudo impedir que allí donde los insurgentes fueron derrotados se abriera un proceso revolucionario, súbito y violento, dirigido a destruir las posiciones de los grupos privilegiados. Las calles se llenaron de hombres y mujeres armados. No estaban allí exactamente para defender la República, a quien ya se le había pasado su oportunidad, sino para hacer la revolución. Los medios políticos dejaban paso a los procedimientos armados.

La guerra civil española ha pasado a la historia, y al recuerdo que de ella queda, por la deshumanización del contrario y por la espantosa violencia que generó. Simbolizada en las «sacas», «paseos» y asesinatos masivos, sirvió en los dos bandos en lucha para eliminar a sus respectivos enemigos, naturalcs o imprevistos. En esa operación de limpieza, los militares sublevados contaron además desde el principio con la inestimable bendición de la Iglesia católica. El clero y las cosas sagradas, por otro lado, constituyeron el primer blanco de las iras populares, de quienes participaron en la derrota de la sublevación y de quienes protagonizaron el «terror popular» emprendido en el verano de 1936.

Si tenemos en cuenta las investigaciones más rigurosas elaboradas en los últimos años, hubo al menos 150 000 víctimas mortales de esa violencia durante la guerra: casi 100 000 en la zona controlada por los militares rebeldes y algo menos de 60 000 en la republicana. Cifras al margen, conocemos bien las principales manifestaciones de ese terror.

Desde el primer minuto del golpe militar, la destrucción del adversario pasó a ser la prioridad absoluta. Los militares sublevados hicieron probar el hierro de su espada a decenas de miles de ciudadanos. Nadie conocía mejor que ellos lo útil que podía ser el terror para paralizar las posibles resistencias y eliminar a sus oponentes. Muchos se habían forjado en las guerras coloniales, escenarios idóneos para el desprecio por los valores humanitarios y las virtudes cívicas, para educarse en el culto a la violencia. Sembraron el terror desde el primer día, intimidando, matando, aplastando las resistencias. Con la declaración del estado de guerra, consideraron «rebeldes» a los que defendían la República.

Comenzaron así los encarcelamientos en masa, la represión selectiva para eliminar las resistencias, las torturas sistemáticas y el terror «caliente», ese que dejaba a los ciudadanos allí donde caían abatidos, en las cunetas de las carreteras, en las tapias de los cementerios, en los ríos, en pozos y minas abandonados. Alcaldes, gobernadores civiles, concejales, dirigentes sindicales y de las organizaciones políticas del Frente Popular fueron los primeros en sufrir ese terror de los «paseos». Además de las autoridades políticas, intelectuales y maestros, esa represión selectiva incluyó también a un número considerable de dirigentes y militantes de las organizaciones obreras. Socialistas y anarquistas, comunistas, sindicalistas de la UGT y de la CNT cayeron a miles. Militares, falangistas, patronos, propietarios y gente de orden ajustaban con ellos cuentas, saldaban viejos litigios, cansados como estaban de reivindicaciones obreras, de sus amenazas revolucionarias, de sus aspiraciones sociales y de su reforma agraria.

La ola exterminadora atrapó también a miles de ciudadanos que nunca habían destacado por sus intervenciones públicas. Al amparo de ese nuevo orden sin ley, bastaba con que algún vecino declarara que esa persona no iba nunca a misa, visitaba la casa del pueblo o el ateneo libertario, había celebrado los triunfos republicanos en las elecciones o era, simplemente, elemento «significado y contrario al Movimiento Nacional». Era el reflejo de la oposición y enfrentamiento entre dos mundos, de los desequilibrios socioeconómicos y culturales entre los que algo o mucho poseían y quienes poco o nada tenían, entre los que habían tenido posibilidades de acceder a la cultura y los analfabetos. El reflejo, en definitiva, de una represión de clase, desde arriba hacia abajo, acompañada y reforzada por la persecución política.

La purga fue gigantesca y dramática en el mundo rural, donde las intensas relaciones personales propiciaron el afloramiento de viejos litigios, riñas familiares y pasionales, mezclados con el odio político y de clase, con la sed de venganza de unos propietarios asustados por las amenazas populares. Aquellos fueron también días aciagos para muchas mujeres, que cayeron a montones, aunque en ninguna provincia llegaron al 10 % de los ejecutados, pero sobre todo sufrieron humillaciones que iban desde los cortes de pelo al acoso sexual, pasando por las purgas de aceite de ricino o la prohibición de manifestar su dolor a través del luto.

Falangistas, requetés, milicias ciudadanas y voluntarios constituían las manifestaciones más visibles de la movilización derechista que había propiciado la sublevación militar. Todos esos sectores reaccionarios acompañaron al ejército en la ejecución del terror, que, aunque dejó en muchas ocasiones el trabajo de limpieza a esos grupos paramilitares, fue el máximo responsable de la violencia al asumir todas las atribuciones en materia de orden público y someter la justicia ordinaria a la militar.

En la zona republicana, allí donde la sublevación fracasó y la quiebra del orden dio paso a la revolución, militares y, sobre todo, el clero, constituyeron los primeros blancos de la violencia. Junto a ellos, fueron también asesinados en esas primeras semanas políticos conservadores, propietarios, terratenientes, labradores, burgueses, comerciantes, trabajadores significados en las fábricas por sus ideas moderadas, técnicos y jefes de personal de las diferentes industrias, y católicos, muchos católicos. Los principales responsables de esas muertes fueron los comités revolucionarios surgidos tras el derrumbe del poder republicano, los milicianos y los diferentes «grupos de investigación y vigilancia» que las organizaciones políticas y sindicales crearon en las principales ciudades.

La mayoría de los casi 60 000 asesinatos cometidos en la zona republicana se produjo en los primeros meses de la guerra, en el momento de máximo poder de los comités y de las milicias. Después, desde el otoño de 1936, miles de presos salvaron sus vidas por el orden y disciplina que impusieron en la retaguardia las organizaciones políticas representadas en los Gobiernos de Francisco Largo Caballero y Juan Negrín.

Esa violencia contra la gente de orden y el clero causó enormes perjuicios a la causa republicana en el extranjero. La imagen de los conventos ardiendo, de la persecución del clero o de la matanza de Paracuellos de Jarama, en noviembre de 1936, dieron la vuelta al mundo, mientras que las grandes masacres cometidas por los militares rebeldes en el verano de 1936, en Sevilla, Zaragoza o en la plaza de toros de Badajoz, no tuvieron ninguna repercusión negativa en los círculos políticos, diplomáticos y financieros de Londres o París. El «terror rojo» pesó además de forma muy desfavorable en los esfuerzos de la República por obtener apoyo internacional.

El escenario internacional a finales de los años treinta reunía circunstancias poco propicias para la paz y eso afectó de forma decisiva a la duración, curso y desenlace de la guerra civil española, un conflicto claramente interno en su origen. Las políticas de rearme emprendidas por los principales países europeos desde comienzos de esa década crearon un clima de incertidumbre y crisis que redujo la seguridad internacional. La Unión Soviética inició un programa masivo de modernización militar e industrial que la colocaría a la cabeza del poder militar durante las siguientes décadas. Por las mismas fechas, los nazis, con Hitler al frente, se comprometieron a echar abajo los acuerdos de Versalles y devolver a Alemania su dominio. La Italia de Mussolini siguió el mismo camino y su economía estuvo supeditada cada vez más a la preparación de la guerra. Francia y Gran Bretaña comenzaron el rearme en 1934 y lo aceleraron desde 1936. El comercio mundial de armas se duplicó de 1932 a 1937.[2]

2 Richard Overy, «Warfare in Europe since 1918», en T. C. W. Blanning (ed.), *The Oxford History of Modern Europe,* Oxford University Press, Oxford, 2000, pp. 219-220.

Bajo tales condiciones, ninguno de esos países mostró interés por parar la guerra civil española. El apoyo internacional a los dos bandos fue vital para combatir y continuar la guerra en los primeros meses. La ayuda ítalo-germana permitió a los militares sublevados trasladar el ejército de África a la península a finales de julio de 1936 y la ayuda soviética contribuyó de modo decisivo a la defensa republicana de Madrid en noviembre de 1936. El apoyo militar de la URSS a la República sirvió como pretexto para que las potencias del Eje incrementaran su apoyo militar y financiero al bando de Franco. Esos apoyos se mantuvieron casi inalterables hasta el final de la guerra, mientras que el resto de los países europeos, con Gran Bretaña a la cabeza, parecían adherirse al Acuerdo de No Intervención.[3]

La política de no intervención partió del Gobierno francés del Frente Popular. Ya que no podían ayudar a la República, porque eso hubiera creado un conflicto interno de consecuencias imprevisibles en la sociedad francesa, al menos forzarían a Alemania e Italia a que interrumpieran su apoyo al bando militar insurgente. La política de no intervención serviría, según los objetivos diplomáticos establecidos por el Foreign Office, para confinar la lucha dentro de las fronteras españolas y evitar el enfrentamiento con Italia y Alemania. Esa política ponía en el mismo plano a un Gobierno legal y un grupo de militares rebeldes.

A finales de agosto de 1936, los 27 Estados europeos, todos excepto Suiza, neutral por mandato constitucio-

3 Los componentes básicos de esa dimensión internacional son bien conocidos gracias, entre otros, a los trabajos de Enrique Moradiellos y Ángel Viñas. Ver, por ejemplo, Enrique Moradiellos, *El reñidero de Europa. Las dimensiones internacionales de la guerra civil española*, Península, Barcelona, 2001; y Ángel Viñas, *Franco, Hitler y el estallido de la guerra civil*, Alianza Editorial, Madrid, 2001.

nal, habían suscrito oficialmente el Acuerdo de No Intervención en España. En la práctica, la no intervención fue una auténtica «farsa», como la calificaron los contemporáneos que percibieron que dejaba a la República en desventaja con los militares rebeldes. La Unión Soviética, que no creía en el acuerdo, decidió en principio adherirse para mantener buenas relaciones con Francia y Gran Bretaña. Pero Alemania, Italia y Portugal se burlaron sistemáticamente del compromiso y continuaron con los envíos de armas y municiones.

Todo parecía favorable, en el plano internacional, para los militares insurgentes. Las cosas comenzaron a cambiar, sin embargo, cuando Stalin decidió intervenir en la contienda, dos meses después de su estallido. En octubre llegaron los primeros envíos de armas a España. A partir de ese momento, la ayuda militar soviética a la República, pagada con las reservas de oro del Banco de España, no cesó hasta el final de la guerra y fue importantísima para sostener la causa republicana frente al ejército de Franco y el apoyo de Hitler y Mussolini. Además del material bélico, con una aportación muy sustancial de aviones y carros de combate, cifrada aproximadamente en 700 y 400 unidades respectivamente, la URSS envió alimentos, combustible, ropa y un número considerable, alrededor de dos mil personas en total, de pilotos, técnicos, asesores y funcionarios de la policía secreta, el NKVD, bajo el mando de Alexander Orlov.

A la vez que las primeras armas, comenzaron a llegar también los primeros voluntarios extranjeros de las Brigadas Internacionales, reclutadas y organizadas por la Internacional Comunista, que percibió muy claramente el impacto de la guerra civil española en el mundo y el deseo de muchos antifascistas de participar en esa lucha. Las cifras de brigadistas varían según las fuentes. Los análisis más recientes y exhaustivos proporcionan una cifra cercana a 35 000, aceptada hoy por bastantes historiadores, aunque nunca hubo más de 20 000 combatientes a la vez y en 1938 el número se había reducido ostensiblemente. Unos 10 000 murieron en combate y, por países, vinieron de más de cincuenta.

Frente a la intervención soviética y a las Brigadas Internacionales, los nazis y fascistas incrementaron el apoyo material al ejército de Franco y enviaron asimismo miles de militares profesionales y combatientes voluntarios. La guerra se internacionalizó y con ello ganó en brutalidad y destrucción. Para que no hubiera duda sobre el propósito de esa intervención, el 18 de noviembre de 1936, el mes de la gran ofensiva franquista sobre Madrid, los Gobiernos de las dos potencias del Eje reconocieron oficialmente a Franco y poco después llegaron a Burgos los primeros embajadores. Hitler decidió por esas mismas fechas el envío de una unidad aérea que combatiría como cuerpo autónomo de combate, con sus propios jefes y oficiales, en las filas franquistas. Se llamó Legión Cóndor y llegó a España por vía marítima a mediados de noviembre. Su fuerza constaba de unos 140 aviones, apoyados por un batallón de 48 tanques y otro de 60 cañones antiaéreos. La guerra civil española se convirtió así en campo de pruebas de la Luftwaffe, un ensayo de los aviones de bombardeo y caza que se utilizarían poco tiempo después en la Segunda Guerra Mundial.

El número total de combatientes en la Legión Cóndor ascendió durante toda la guerra a 19 000 hombres, contando pilotos, tanquistas y artilleros, aunque nunca hubo más de 5500 a la vez. Mucho más numerosa fue la aportación italiana, que comenzó a llegar a España en diciembre de 1936 y en enero de 1937, tras el pacto secreto de amistad firmado por Franco y Mussolini el 28 de noviembre. El Corpo di Truppe Volontarie (CTV), al mando del general Mario Roatta hasta el desastre de Guadalajara en marzo de 1937, y después de los generales Ettore Bastico, Mario Berti y Gastone Gambara, constaba de modo permanente de 40 000 soldados y su número total ascendió a 72 775 hombres. Llegaron también 5699 hombres más de la Aviazione Legionaria.

En la guerra civil española combatieron, por lo tanto, decenas de miles de extranjeros. Fue en realidad una guerra civil europea, con el permiso tácito del Gobierno británico y del francés. Frente al mito del peligro comunista y revolucionario, lo que realmente llegó a España a través de una intervención militar abierta fue el fascismo.

La República pasó durante la guerra por tres diferentes etapas, con tres presidentes del Gobierno: el republicano José Giral, hasta comienzos de septiembre de 1936; el socialista Francisco Largo Caballero, hasta comienzos de mayo de 1937; y el también socialista Juan Negrín, hasta la derrota final.

En la España controlada por los militares sublevados, la construcción de un nuevo Estado fue acompañada de la eliminación física del oponente, la destrucción de todos los símbolos y políticas de la República y de la búsqueda de una victoria rotunda e incondicional sin posibilidad de mediación alguna. En ese camino Franco contó con el apoyo y la bendición de la Iglesia católica. Obispos, sacerdotes y religiosos comenzaron a tratar a Franco como un enviado de Dios para poner orden en la «ciudad terrenal» y Franco acabó creyendo que, efectivamente, tenía una relación especial con la divina providencia.[4]

4 Julián Casanova, *La Iglesia de Franco,* Crítica, Barcelona, 2005, pp. 87-89.

Francisco Franco tenía cuarenta y tres años cuando se sublevó contra la República. Casi toda su carrera militar la hizo en África, lo que le proporcionó ascensos rápidos por méritos de guerra y un buen número de medallas, cruces y distinciones. Era considerado por sus compañeros de armas un jefe preparado y competente, pero su camino al poder supremo quedó muy despejado por la desaparición de la escena de algunos de sus rivales más cualificados para ese puesto.

Jugó sus cartas con destreza y ambición. Se presentó ante periodistas y diplomáticos como el principal general de los sublevados. Dirigía además las tropas mejor preparadas del ejército español, que logró pasar a la península gracias a los aviones de transporte y bombarderos que le enviaron Hitler y Mussolini. Ese fue, según los mejores especialistas, el factor decisivo que colocó a Franco como el mejor candidato en la lucha por el poder.

El primer objetivo era crear un mando militar único y un aparato político centralizado. El 1 de octubre de 1936 Franco fue nombrado «Jefe del Gobierno del Estado español». En la ceremonia de investidura el general Miguel Cabanellas, en presencia de diplomáticos de Italia, Alemania y Portugal, le entregó el poder en nombre de la Junta de Defensa que presidía desde el 24 de julio y que fue disuelta para ser sustituida por una Junta Técnica del Estado encabezada por el general Fidel Dávila. Franco adoptó el título de *Caudillo,* que le conectaba con los guerreros medievales.

En los tres meses que siguieron a la sublevación de julio de 1936, la guerra fue una lucha entre milicianos armados, que carecían de los elementos básicos que caracterizan a los ejércitos, y un poder militar que concentraba todos los recursos a golpe de autoridad y disciplina y que pudo contar casi desde el principio con los efectivos bien adiestrados del ejército de África. La batalla de Madrid, en noviembre de ese año, inauguró una nueva forma de hacer la guerra y transformó a ese grupo de milicianos en soldados de un nuevo ejército.

Desde la ocupación total del norte a finales de octubre de 1937, el ejército de Franco demostró una abrumadora superioridad material en Teruel, tomada por los republicanos durante unas semanas y reconquistada por las tropas mandadas por el general Juan Vigón, y en el frente de Aragón, liquidado en unos pocos días de marzo de 1938. El 3 de abril, el Cuerpo Marroquí de Yagüe entró en Lérida, la primera capital catalana que conquistaban las tropas franquistas, que habían ocupado también las centrales eléctricas que proporcionaban energía a Barcelona. La campaña acabó el 15 de abril en el mar Mediterráneo. «La espada victoriosa de Franco —podía leerse en el periódico *ABC* de Sevilla al día siguiente— partió en dos la España que aún detentan los rojos».

Fuera de España, las cosas no iban mejor porque el 20 de febrero de 1938 Anthony Eden, el único que no manifestaba abiertamente un odio a la República en el Gobierno de Neville Chamberlain, dimitió como ministro de Asuntos Exteriores de Gran Bretaña. Su sucesor en el Foreign Office, Edward Wood, lord Halifax, firmó el 16 de abril un acuerdo con Italia en el que los británicos hacían una vez más la vista gorda sobre la intervención fascista en el bando de Franco. En Francia, después de un Gobierno efímero del socialista Léon Blum, que duró solo treinta días, el radical Édouard Daladier se hizo cargo dc la presidencia en ese mismo mes y en junio cerró de nuevo la frontera con España.

Los Acuerdos de Múnich, firmados el 29 de septiembre de 1938 entre los dirigentes de Gran Bretaña y Francia y los dictadores de Alemania e Italia, permitieron a Hitler avanzar libremente sobre Checoslovaquia, quebraron la estrategia de resistencia de Juan Negrín y demostraron que las democracias no querían cambiar su política de apaciguar a las potencias fascistas.

El final de la República estaba ya cantado desde el Pacto de Múnich y el desenlace de la batalla del Ebro, pero sus tres últimos meses de vida fueron agónicos. Toda Cataluña cayó rendida a los pies de las tropas de Franco en apenas un mes, en medio de la exaltación patriótica y religiosa. A mediados de enero de 1939 entraban en Tarragona y el 26 en Barcelona.

Las tropas republicanas se retiraron hacia la frontera francesa de forma desorganizada. Las bombas y los ametrallamientos de la aviación franquista causaron numerosos muertos y heridos. Con la caída de Barcelona y la conquista total de Cataluña, la República agonizaba. Los Gobiernos de Gran Bretaña y de Francia reconocieron por fin oficialmente al de Franco y el 27 de febrero de 1939 Manuel Azaña, que había pasado ya a Francia tres semanas antes, dimitió como presidente de la República. Unos días después, el golpe del coronel Segismundo Casado empeoró las cosas.

El golpe de Casado no fue solo la culminación de un conflicto político, sino también la sublevación de los mandos profesionales contra el Gobierno republicano, al que le negaban legitimidad. Inauguró una desesperada y costosa lucha fratricida en esa República moribunda, con ramificaciones en otras partes de la zona central y en Cartagena, y no consiguió ninguna «paz honrosa», sino una rendición sin condiciones, lo que Franco, los militares, las autoridades civiles y la Iglesia católica habían anunciado insistentemente, es decir, el aniquilamiento del régimen republicano y de sus partidarios.

«En el día de hoy, cautivo y desarmado el Ejército rojo, nuestras tropas victoriosas han alcanzado sus últimos objetivos militares. La guerra ha terminado», decía el último parte oficial emitido desde el cuartel general de Franco el 1 de abril de 1939. Su superioridad material le había conducido al triunfo definitivo. El balance de los desastres de la guerra no ofrece dudas: antes de perderla, la República había sido castigada de forma lenta, con batallas que dejaban a sus tropas diezmadas y con una represión brutal tras la entrada del ejército de Franco en cada ciudad conquistada.

Atrás había quedado una guerra de casi mil días, que dejó cicatrices duraderas en la sociedad española. El total de víctimas mortales se aproximó a las 600 000, de las cuales 100 000 corresponden a la represión desencadenada por los militares sublevados y 55 000 a la violencia en la zona republicana. Medio millón de personas se amontonaban en las prisiones y campos de concentración. La guerra civil española fue la primera de las guerras del siglo XX en que la aviación se utilizó de forma premeditada en operaciones de bombardeo en la retaguardia. La intervención extranjera mandó por el cielo español a los S-81 y S-79 italianos, a los He-111 alemanes y a los «Katiuskas rusos», convirtiendo a España en un campo de pruebas para la gran guerra mundial que se preparaba. Madrid, Durango, Gernika, Alcañiz, Lérida, Barcelona, Valencia, Alicante o Cartagena, entre otras muchas ciudades, vieron cómo sus poblaciones indefensas se convertían en objetivo militar.

El éxodo que emprendió la población vencida dejó también huella. «La retirada», como se conoció a ese gran exilio de 1939, llevó a Francia a unos 450 000 refugiados en el primer trimestre de ese año, de los cuales

170 000 eran mujeres, niños y ancianos. Unos 200 000 volvieron en los meses siguientes, para continuar su calvario en las cárceles de la dictadura franquista. Los tres presidentes del Gobierno que tuvo la República en guerra murieron en el exilio: José Giral en México, en 1962; Francisco Largo Caballero en París, en 1946, tras haber pasado por el campo de concentración nazi de Orianenburg; y en la misma ciudad murió Juan Negrín en 1956. Manuel Azaña, el presidente de la República y el político más importante de la España de los años treinta, murió en Montauban (Francia) el 3 de noviembre de 1940.

España vivió a partir de abril de 1939 la paz de Franco, las consecuencias de la guerra y de quienes la causaron. España quedó dividida entre vencedores y vencidos. Las iglesias se llenaron desde antes del final de la guerra de placas conmemorativas de los «caídos por Dios y por la Patria». Por el contrario, miles de asesinados por la violencia iniciada por los militares sublevados en julio de 1936 nunca fueron inscritos ni recordados con una mísera lápida y sus familiares andan todavía buscando sus restos. El proyecto reformista de la República y todo lo que esa forma de gobierno significaba fue barrido y esparcido por las tumbas de miles de ciudadanos.

La República se encontró con la tremenda adversidad de tener que hacer la guerra a unos militares sublevados que se beneficiaron desde el principio de esa situación internacional tan favorable a sus intereses. Las dictaduras dominadas por gobiernos autoritarios de un solo hombre y de un único partido estaban sustituyendo entonces a las democracias en muchos países europeos y, si se exceptúa el caso ruso, todas esas dictaduras salían de las ideas del orden y de la autoridad de la extrema derecha. Seis de las democracias más sólidas del continente fueron invadidas por los nazis al año siguiente de acabar la Guerra Civil. España no era, en consecuencia, una excepción ni el único país donde el discurso del orden y del nacionalismo extremo se imponían al de la democracia y de la revolución. La victoria de Franco fue también una victoria de Hitler y de Mussolini. Y la derrota de la República fue asimismo una derrota para las democracias.

4.

Dictadura

A la guerra civil española siguió una larga paz incivil y en esa larga y sangrienta dictadura reside la gran excepcionalidad de la historia de España del siglo XX si se compara con otros países europeos occidentales. Los vencedores de la guerra decidieron durante años y años la suerte de los vencidos. El exterminio del contrario en la guerra dio paso a la centralización y control de la violencia por parte de la autoridad militar, un terror institucionalizado y amparado por la legislación represiva del nuevo Estado. Ese estado de terror, continuación del estado de guerra, transformó la sociedad espanola, destruyó familias enteras e inundó la vida cotidiana de prácticas coercitivas y de castigo. Como han demostrado diversos estudios, la violencia fue la médula espinal de la dictadura de Franco.

El desmoronamiento del ejército republicano en la primavera de 1939 llevó a varios centenares de miles de soldados vencidos a cárceles e improvisados campos de concentración. A finales de 1939 y durante 1940 las fuentes oficiales daban más de 270 000 reclusos, una cifra que descendió de forma continua en los dos años siguientes debido a las numerosas ejecuciones y a los miles de muertos por enfermedad y desnutrición. Al menos 50 000 personas fueron ejecutadas en la década posterior al final de la guerra.

La principal característica del terror que se impuso en la posguerra es que estaba organizado desde arriba, basado en la jurisdicción militar, en juicios y consejos de guerra. Tras la típica explosión de venganza en las ciudades recién conquistadas, los «paseos» y las actuaciones de poderes autónomos, como los escuadrones de falangistas, dejaron paso al monopolio de la violencia del nuevo Estado, que puso en marcha mecanismos extraordinarios de terror sancionados y legitimados por leyes. Con la jurisdicción militar a pleno rendimiento, se impuso un terror frío, administrativo y rutinario. Los consejos de guerra, por los que pasaron decenas de miles de personas entre 1939 y 1945, eran meras farsas jurídicas que nada tenían que probar, porque ya estaba demostrado de entrada que los acusados eran rojos y, por lo tanto, culpables.

El primer asalto de la violencia vengadora sobre la que se asentó el franquismo empezó el 9 de febrero de 1939 con la Ley de Responsabilidades Políticas. En ella se declaraba «la responsabilidad política de las personas, tanto jurídicas como físicas», que con efectos retroactivos desde el 1 de octubre de 1934 «contribuyeron a crear o a agravar la subversión de todo orden de que se hizo víctima a España» y a partir del 18 de julio de 1936 «se hayan opuesto o se opongan al Movimiento Nacional con actos concretos o con pasividad grave».[1]

A partir de ese momento se abrieron decenas de miles de causas para «liquidar las culpas» de quienes con-

1 *Responsabilidades Políticas (Ley de 9 de febrero de 1939, Comentarios, Notas, Disposiciones Complementarias y Formularios)*, por Rafael Díaz-Llanos y Lecuona, Librería General, Zaragoza, 1939.

tribuyeron «a forjar la subversión roja». Un 9,5 % de los españoles sufrieron la fuerza de esa justicia. Dada la imposibilidad de dar salida a esos montones de expedientes, la ley fue modificada parcialmente en 1942 y quedó derogada el 13 de abril de 1945.

La mayoría de expedientes se incoaron a obreros y campesinos con recursos económicos escasos, pero también a clases medias republicanas con rentas más elevadas. A los políticos más destacados de la República, desde Manuel Azaña a Indalecio Prieto, pasando por Diego Martínez Barrio, se les impusieron multas de cien millones de pesetas. Al historiador y archivero zaragozano José Ignacio Mantecón, nombrado por Juan Negrín gobernador general de Aragón en agosto de 1937, le incautaron casi dos mil libros considerados subversivos y el auditor de guerra Ramiro Fernández de la Mora le impuso una multa de diez millones de pesetas, más alta que la de Niceto Alcalá Zamora e igual a la de la dirigente socialista Margarita Nelken o a la del embajador republicano en Londres, Pablo de Azcárate.

Afectara a ricos, pobres, mujeres u hombres, la puesta en marcha de ese engranaje represivo y confiscador causó estragos entre los vencidos y los rojos, abriendo la veda para una persecución arbitraria y extrajudicial que en la vida cotidiana desembocó muy a menudo en el saqueo y en el pillaje. Los afectados, condenados por los tribunales y señalados por los vecinos, quedaban hundidos en la más absoluta miseria. En muchos casos, las sentencias se impusieron a personas que habían sido ya castigadas con la muerte y recaían sobre sus mujeres, madres o hermanas.[2]

2 Julián Casanova y Ángela Cenarro (eds.), *Pagar las culpas. La represión económica en Aragón (1936-1945)*, Crítica, Barcelona, 2014.

El sistema represivo procesal levantado tras la guerra, consistente en la multiplicación de órganos jurisdiccionales especiales, mantuvo su continuidad durante toda la dictadura. Cuando una ley era derogada, la nueva normativa reiteraba el carácter represor de la anterior. Es lo que pasó con la Ley de Seguridad del Estado de 29 de marzo de 1941, sustituida por el decreto ley de 13 de abril de 1947 de Represión del Bandidaje y Terrorismo; o con la Ley de Represión de la Masonería y el Comunismo de 1 de marzo de 1940, cuyo Tribunal Especial fue suprimido el 8 de marzo de 1964, aunque, en realidad, una buena parte de sus atribuciones fueron asumidas desde 1963 por el Tribunal de Orden Público. Murió Franco y allí estaba todavía el TOP, disuelto finalmente por un decreto ley de 4 de enero de 1977.[3]

Esa maquinaria de terror organizado desde arriba requería, sin embargo, una amplia participación «popular», de informantes, denunciantes y delatores. La purga era, por supuesto, tanto social como política y los poderosos de la comunidad, la gente de orden, las autoridades aprovecharon la oportunidad para deshacerse de los «indeseables», «animales» y revoltosos. Pero lo que esa minoría quería lo aprobaban muchos más, que veían políticamente necesario el castigo de sus vecinos, a quienes acusaban o no defendían si otros los acusaban.

Eran tiempos de odios personales, de denuncias y de silencio. Colaborar mediante la delación significaba implicarse también en la incoación de la amplia gama de

3 Marc Carrillo, «El marc legal de la repressió de la dictadura franquista en el període 1939-1959», en VV. AA., *Notícia de la negra nit. Vides i veus a les presons franquistes (1939-1959)*, Associació Catalana d'Expresos Polítics, Diputació de Barcelona, Barcelona, 2001, pp. 22-23.

procesos sumariales desplegada por los vencedores. Por eso se insistía tanto en la participación activa y se perseguía y se sancionaba la pasividad. Denunciar «delitos», señalar a los «delincuentes» era cosa de los «buenos patriotas», de quienes estaban forjando la «Nueva España». La denuncia se convirtió así en el primer eslabón de la justicia de Franco.

Los odios, las venganzas y el rencor alimentaron el afán de rapiña sobre los miles de puestos que los asesinados y represaliados habían dejado libres en la Administración del Estado, en los ayuntamientos e instituciones provinciales y locales. Una ley de 10 de febrero de 1939 institucionalizó la depuración de los funcionarios públicos, un proceso que los militares rebeldes habían iniciado sin necesidad de leyes en el verano de 1936. Detrás de esa ley, y en general de todo el proceso de depuración, había un doble objetivo: privar de su trabajo y medios de vida a los «desafectos al régimen», un castigo ejemplar que condenaba a los inculpados a la marginación; y, en segundo lugar, asegurar el puesto de trabajo a todos los que habían servido a la causa nacional durante la Guerra Civil y mostraban su fidelidad al Movimiento. Ahí residía una de las bases de apoyo duradero a la dictadura de Franco, la «adhesión inquebrantable» de todos aquellos beneficiados por la victoria.[4]

Los informes de las fuerzas de seguridad, de los clérigos, de los falangistas, de la gente «ordinaria», los avales y salvoconductos necesarios para vivir dan testimonio del grado de implicación de la población en ese sistema de terror. Y eso significa, en suma, que el fran-

4 La «utilidad» de ese terror está bien resaltada en Antonio Cazorla, *Las políticas de la victoria. La consolidación del Nuevo Estado franquista (1938-1953)*, Marcial Pons, Madrid, 2000, pp. 98-110.

quismo no solo vivió de violencia y terror, ni se sostuvo únicamente con la represión. Sin esa participación ciudadana, el terror hubiera quedado reducido a fuerza y coerción. Pasados los años más sangrientos, lo que se manifestó en realidad fue un sistema de autovigilancia donde nada invitaba a la desobediencia y menos aún a la oposición y a la resistencia. Con el paso del tiempo, la violencia y la represión cambiaron de cara, la dictadura evolucionó, «dulcificó» sus métodos y, sin el acoso exterior, pudo descansar, ofrecer un rostro más amable, con un dictador que inauguraba pantanos y repartía aguinaldos a los trabajadores.

Pero por mucho que evolucionara y dulcificara sus métodos, la dictadura nunca quiso quitarse de encima sus orígenes sangrientos, la Guerra Civil como acto fundacional, que recordó una y otra vez para preservar la unidad de esa amplia coalición de vencedores y para mantener en la miseria y en la humillación a los vencidos. Para recordar siempre su victoria en la Guerra Civil, la dictadura de Franco llenó de lugares de memoria el suelo español. Comenzó ese recuerdo ya antes de finalizar la guerra, cuando un decreto de la Jefatura del Estado de 16 de noviembre de 1938 proclamaba «día de luto nacional» el 20 de noviembre, en memoria del fusilamiento de José Antonio Primo de Rivera un día como ese de 1936, y establecía, «previo acuerdo con las autoridades eclesiásticas», que «en los muros de cada parroquia figurará una inscripción que contenga los nombres de los Caídos, ya en la presente Cruzada, ya víctimas de la revolución marxista».[5]

Franco y su ejército mandaron en España a partir del 1 de abril de 1939 y juntos se mantuvieron, sin apenas

5 Casanova, *La Iglesia de Franco*, pp. 249-250.

fisuras, durante casi cuarenta años. Pero los vientos que soplaban por entonces en Europa eran fascistas, procedentes sobre todo de la Alemania nazi, y eso generó notables tensiones políticas entre los militares y los dirigentes falangistas. En los meses que transcurrieron entre el final de la Guerra Civil y el inicio de la Segunda Guerra Mundial la política exterior franquista se había alineado con las potencias fascistas, adhiriéndose en abril al Pacto Anti-Comintern, el acuerdo establecido entre Alemania, Italia y Japón para luchar contra el comunismo. Sin embargo, cuando el ejército nazi invadió Polonia, y Gran Bretaña y Francia declararon la guerra a Alemania, Franco promulgó un decreto en el que ordenaba «la más estricta neutralidad a los súbditos españoles». Era una política de aparente equidistancia, en un momento en el que ni siquiera Italia había entrado en la guerra, que iba a resultar muy difícil de mantener en aquella Europa tan turbulenta.

La prueba de fuego para esa neutralidad llegó un año después, en la primavera de 1940, con la súbita y victoriosa invasión de Holanda, Bélgica y Francia por el ejército nazi. Benito Mussolini consideró que era el momento oportuno para que Italia entrara en la guerra, para recoger así los frutos de la victoria, y Franco, convencido también del ineludible triunfo fascista, preparó el camino para poder intervenir como beligerante en el reparto del botín imperial a costa de las potencias democráticas. A la espera de poder dar ese crucial paso, el Gobierno de Franco abandonó la «estricta neutralidad» y se declaró, el 13 de junio de 1940, no beligerante, imitando lo que había hecho Mussolini justo hasta ese momento, una fórmula por la que se reconocía explícitamente la simpatía por el bando del Eje.

El problema era la desastrosa situación económica y militar de España, apenas un año después de finalizada la Guerra Civil, y las ambiciosas peticiones que Franco reclamaba como premio. Franco pidió a Hitler Gibraltar, el Marruecos francés, el Oranesado (región noroccidental de Argelia) y el suministro de alimentos, petróleo y armas. Los alemanes no valoraban positivamente la beligerancia española, porque la consideraban una carga económica y militar, y plantearon además la exigencia de establecer bases militares en las islas Canarias. Así las cosas, las dos delegaciones diplomáticas acordaron tratar los puntos fundamentales de la negociación en un encuentro entre el Führer y el Caudillo. El histórico encuentro se celebró en Hendaya el miércoles 23 de octubre de 1940 en el *Erika,* el tren especial del Führer. Hitler no aceptó las exigencias de Franco y España no entró en la guerra, porque no podía, dada su desastrosa situación económica y militar, y porque su intervención tenía costes demasiado altos para que Hitler y Mussolini, con quien Franco se entrevistó en Bordighera en febrero de 1941, pudieran aceptarla. Hitler y Mussolini siempre consideraron a Franco como el dictador de un país débil que apenas contaba en las relaciones internacionales. Otra cosa es lo que dijo la propaganda franquista, hasta convertirlo en un mito que todavía se repite hoy: que Franco, con habilidad y prudencia, burló y resistió las amenazas del líder nazi, consiguiendo que España no participara en la Segunda Guerra Mundial.[6]

El fervor de Franco y del sector más fascista de su dictadura por la causa nazi y contra el comunismo se manifestó, pese a la no beligerancia oficial española, en

6 He revisado la posición de Franco y las autoridades de la dictadura en *Franco*, Crítica, Barcelona, 2025.

la creación de la *División Azul.* Cuando en junio de 1941 comenzó la *Operación Barbarroja* y las tropas alemanas invadieron la Unión Soviética, miles de falangistas, militares y excombatientes en la guerra civil española vieron la oportunidad de continuar en territorio ruso la cruzada antibolchevique. Por esa División, mandada por el general falangista Agustín Muñoz Grandes, llegaron a pasar cerca de 47 000 combatientes, que estuvieron en el frente norte ruso y en el asedio a Leningrado. Cobraban los haberes de un soldado alemán, además de un subsidio que recibían sus familias, y se les prometió trabajo a su regreso, aunque 5000 de ellos murieron en combate en aquel frente oriental.[7]

Los aires fascistas soplaron también en esos años en la política interior de la dictadura, que vivió su período máximo de fascistización. Fue también el momento de mayor poder y gloria para Ramón Serrano Súñer, ministro de Gobernación desde enero de 1938, un cargo que no abandonó hasta mayo de 1941, jefe de la Junta Política de la entonces influyente Falange y ministro de Asuntos Exteriores desde el 16 de octubre de 1940. Serrano Súñer tuvo también un papel destacado en la persecución de los republicanos españoles refugiados entonces en Francia y pactó con Himmler una estrecha colaboración entre la Gestapo y la policía franquista. La invasión de Francia por parte de las tropas alemanas, iniciada el 10 de mayo de 1940, había permitido la captura de miles de republicanos españoles refugiados en territorio francés desde la conquista de Cataluña por las

7 Sobre la División Azul, Xavier Moreno Juliá, *La División Azul. Sangre española en Rusia, 1941-1945,* Crítica, Barcelona, 2015; Jorge M. Reverte, *La División Azul. Rusia, 1941-1944,* RBA, Barcelona, 2011; y Xosé M. Núñez Seixas, *Camarada invierno: experiencia y memoria de la División Azul (1941-1945),* Crítica, Barcelona, 2017.

tropas de Franco y el final de la Guerra Civil. Muchos acabaron en campos de concentración nazis, especialmente en Mauthausen, y varios miles más lucharon su segunda guerra contra el fascismo enrolados en diferentes batallones franceses.

La calamitosa situación económica de España había condicionado la decisión de Franco en sus negociaciones con Hitler y marcó la vida de millones de ciudadanos durante más de una década. Los datos sobre los costes económicos y sociales de esa larga posguerra son concluyentes. Los salarios se mantuvieron por debajo del nivel de preguerra durante toda la década de los cuarenta. Los precios aumentaron, a ritmo de brotes inflacionistas, desde un 13 % de media en los primeros años hasta el 23 % en el bienio 1950-51. La renta per cápita apenas progresó hasta 1950 y el máximo productivo de preguerra en el sector industrial no se recuperó hasta 1952. El franquismo, como han demostrado solventes investigaciones, no trajo la modernización de la economía española, sino que, por el contrario, bloqueó el proceso de crecimiento abierto desde el primer tercio del siglo XX.[8]

Durante un tiempo, hasta la derrota de las potencias del Eje, el fascismo y el catolicismo fueron compatibles, en las declaraciones y en la práctica diaria, en los proyectos que germinaron en el bando rebelde y en la forma de gobernar y de vivir que impusieron los vencedores. La combinación de elementos novedosos y modernos con los atributos tradicionales de religiosidad y de populismo rural contribuyó aparentemente a situar en la escena pública importantes diferencias retóricas, tácticas y de esti-

8 José Luis García Delgado y Juan Carlos Jiménez, *Un siglo de España. La economía*, Marcial Pons, Madrid, 1999, pp. 15-27.

lo, pero nunca alteró los principios antisocialistas y de hostilidad hacia la democracia republicana que habían cimentado la poderosa coalición reaccionaria que salió vencedora de la Guerra Civil.

El Ejército, la Falange y la Iglesia representaban a esos vencedores y de ellos salieron el alto personal dirigente, el sistema de poder local y los fieles siervos de la Administración. Esas tres burocracias rivalizaron entre ellas por incrementar las parcelas de poder. En la España de Franco el poder no residía en el partido, sino en el tradicional aparato del Estado, empezando por sus fuerzas armadas, en la Iglesia católica, en los propietarios, muchos de ellos convertidos al falangismo, y, por supuesto, en Francisco Franco, Generalísimo y Caudillo.

Tras la caída de los fascismos en Europa, la defensa del catolicismo como un componente básico de la historia de España sirvió a la dictadura de pantalla en ese período crucial para su supervivencia. La jerarquía eclesiástica y los dirigentes católicos vieron la posibilidad única de ampliar su poder y consolidar su proyecto y decidieron entrar de manera oficial en el Gobierno y en los órganos consultivos del Estado. En tiempos de «ostracismo internacional», y con la necesidad de quitarse la mácula fascista de encima, había que establecer relaciones con el exterior por el camino más directo, vendiendo catolicismo español, lo cual significaba vender entre otras muchas cosas tradición y anticomunismo.

Cayeron los fascismos y Franco siguió, aunque su dictadura tuvo que vivir unos años de ostracismo internacional. El 19 de junio de 1945, la conferencia fundacional de la Organización de Naciones Unidas (ONU), celebrada en San Francisco, aprobó una propuesta mexicana que vetaba expresamente el ingreso de España en el nuevo organismo. A ese veto siguieron diferentes condenas, el cierre de la frontera francesa o la retirada de embajadores, pero nunca llegaría lo que esperaban muchos republicanos en el exilio y en la propia España: que las potencias democráticas expulsaran a Franco por ser un sangriento dictador, elevado al poder con la ayuda de las armas de la Alemania nazi y de la Italia fascista. Por muy democráticas que fueran esas naciones, la dictadura de Franco siempre contó en el mundo con la simpatía y apoyo de amplios sectores católicos y conservadores. Las grandes potencias occidentales capitalistas no tomarían ninguna medida enérgica, militar o económica, contra una España católica y anticomunista.

A la Segunda Guerra Mundial le sucedió pronto la Guerra Fría, la confrontación no armada entre la Unión Soviética y Estados Unidos con sus respectivos aliados. El anticomunismo de Franco le hizo ganar enteros entre los militares norteamericanos, un reconocimiento plasmado en el Pacto de Madrid, firmado el 26 de septiembre de 1953, punto de partida de la notable ayuda económica y militar que Estados Unidos iba a proporcionar a España en los años siguientes.

Un mes antes, el Gobierno de Franco había conseguido firmar un nuevo Concordato con el Vaticano. Franco se apresuró a describir a España como «una de las grandes reservas espirituales del mundo».[9] Con los militares, el apoyo de Estados Unidos y la bendición de la Santa Sede, la dictadura no peligraba. El aparato de poder de la dictadura se mantuvo intacto, pese a que sufrió importantes desafíos desde comienzos de los años sesenta. La emigración interior, decisiva para el desarrollo de la eco-

9 Discurso pronunciado en las Cortes el 26 de octubre de 1953, en *Discursos y mensajes del jefe del Estado, 1951-1954,* Madrid, 1955, p. 401.

nomía española, llevó a las ciudades a varios millones de campesinos y jornaleros durante esa década. Con la industrialización y el crecimiento de las ciudades, las clases trabajadoras recuperaron, o refundaron, la huelga y la organización, los dos instrumentos de combate desterrados y eliminados por la victoria de 1939. El hambre y las condiciones miserables cedieron paso poco a poco a salarios mejorados por convenios colectivos y a la exigencia de libertades. Los cambios dentro del orden presidieron aquellos años dorados de Franco y de sus servidores.

La dictadura no peligraba y menos todavía cuando logró, poco a poco, desde el comienzo de los años cincuenta, la integración de España en las organizaciones internacionales. El 4 de noviembre de 1950 la ONU anuló la resolución de 1946 que aislaba a España. En 1951 regresaban los embajadores, encabezados por los representantes de Estados Unidos y Gran Bretaña, y España entraba en la Organización Mundial de la Salud. Tras el Concordato con el Vaticano y los pactos de Defensa y Mutua Ayuda con Estados Unidos en 1953, España fue finalmente admitida en la ONU en diciembre de 1955.

En esos años apareció también con fuerza el proyecto de Luis Carrero Blanco de desarmar políticamente a la Falange y de crear un nuevo marco legislativo que permitiera la evolución hacia una monarquía autoritaria, continuidad del franquismo, cuando Franco muriera. Carrero encargó a Laureano López Rodó, catedrático de Derecho Administrativo y destacado miembro del Opus Dei, esa tarea. El modelo autárquico había llevado a la economía española a una situación sin salida, con un déficit considerable en la balanza de pagos, inflación galopante, y en la que no había divisas para abordar el pago de las importaciones. La reforma de la Administración del Estado y el cambio de política económica iban a ser los dos ejes principales de la actuación del grupo de tecnócratas que llegaron por primera vez al Gobierno de Franco el 25 de febrero de 1957.[10]

El nuevo ministro de Hacienda, Mariano Navarro Rubio, era un abogado católico, miembro del Opus Dei, igual que el nuevo ministro de Comercio, el catedrático de Historia Económica Alberto Ullastres Calvo. Como López Rodó, la persona que estaba detrás del cambio de rumbo, también era miembro de ese instituto secular fundado por José María Escrivá de Balaguer en 1928, empezó a circular la idea, especialmente en los círculos falangistas desplazados, de que el Opus Dei era una mafia católica que conspiraba para hacerse con el poder dentro del aparato político del franquismo.

Después de la Guerra Civil, el Opus Dei reclutó a jóvenes de las nuevas elites en ascenso. Desde 1957, y hasta enero de 1974, esos miembros del Opus Dei ocuparon los principales puestos de la Administración del Estado, en la política económica y en los planes de desarrollo. Impulsaron una política agresiva de crecimiento económico orientado a la exportación, racionalizando la Administración del Estado y sin abandonar nunca el marco de la estructura política autoritaria. Representaban, por supuesto, los intereses del capital y de la racionalización capitalista, y como su fuente de legitimidad para controlar el poder eran sus conocimientos econó-

10 La investigación más reciente y original sobre aquellos años de tecnócratas es la de Anna Catharina Hofmann, *Una modernidad autoritaria. El desarrollismo en la España de Franco (1956-1973)*, PUV, Valencia, 2023.

micos y jurídicos, expertos como eran en economía y derecho, han pasado a la historia con el nombre de «tecnócratas».[11]

La llegada de los tecnócratas al poder era una respuesta pragmática a la bancarrota económica y al desgaste del modelo político en el que se encontraba el franquismo. Y aunque Franco dio a los falangistas cuatro carteras, estaba claro que la entrada de los tecnócratas en el Gobierno iba a significar el abandono de las ideas económicas que Franco y los falangistas habían compartido desde el día de la victoria.

Las principales organizaciones económicas internacionales, encabezadas por el Fondo Monetario Internacional (FMI), aconsejaron la puesta en marcha de un plan de estabilización para la economía española. Pese a que Franco desconfiaba de esos consejos y no entendía nada de lo que dicho plan significaba, lo aceptó finalmente cuando Ullastres y Navarro Rubio le dijeron que España estaba al borde de la quiebra. El 21 de julio de 1959, apareció el decreto ley de Nueva Ordenación Económica, conocido como Plan de Estabilización. El plan autorizaba la regulación del mercado de divisas y ponía en marcha una serie de medidas para recortar la intervención del Estado y flexibilizar la economía. La cotización oficial de la moneda española se situó en sesenta pesetas por dólar, se suavizaron los límites impuestos a las inversiones extranjeras, tratando de fomentar la entrada del capital extranjero y aumentar la competitividad de la economía española.

11 José Casanova, *Public Religions in the Modern World,* The University of Chicago Press, Chicago, 1994 (traducción al español en PPC, Madrid, 2000), p. 82, y «The Opus Dei Ethic, the Technocrats and the Modernization of Spain», *Social Science Information,* 22, 1 (1983).

La aplicación de esas medidas, favorecida por una excepcional coyuntura internacional, dio unos resultados inmediatos. La balanza de pagos se recuperó y un año después estaba en superávit. El crecimiento del producto nacional bruto fue espectacular, pasando del 0,5 en 1960 al 3,7 en 1961 y al 7 % en 1962. Todos los especialistas coinciden en señalar que el Plan de Estabilización fue el principal causante del crecimiento económico que se inició desde mediados de 1960 y se mantuvo hasta la crisis internacional de 1973. Permitió que la economía española se beneficiase del fuerte desarrollo económico que los países occidentales capitalistas habían comenzado a vivir desde comienzos de los años cincuenta. Los elevados costes sociales de esas medidas, especialmente en lo que se refería al descenso de los salarios y al aumento del paro, encontraron una válvula de escape en la emigración a los países europeos que reclamaban entonces mano de obra.

El crecimiento económico español se vio impulsado por la mejora en la productividad, con transformaciones estructurales decisivas, y por la acumulación del capital. Una de las razones que explican esa mejora en la productividad fue la gran transferencia de mano de obra desde el sector agrario a la industria y los servicios. Más de cuatro millones y medio de personas, normalmente trabajadores subempleados en la agricultura, cambiaron de residencia en España durante la década de los sesenta, pasando a ocupar la oferta de puestos de trabajo en los sectores económicos en desarrollo. El sector primario, que en 1960 aportaba una cuarta parte del PIB, representaba solo un 10 % en 1975. La población ocupada en actividades de ese sector pasó de más del 42 a menos del 24 %. La industria, por el contrario, ocupaba al final de la dictadura al 37 % de la población, y los servicios, que aportaban en 1975 la mitad del PIB, se convirtieron en la actividad económica con más trabajadores.[12]

La apertura de la economía española al exterior actuó también como fuente de crecimiento. El aumento de las exportaciones siempre fue menor que el de las importaciones, pero ese desequilibrio pudo financiarse gracias a las remesas enviadas por los emigrantes, a las inversiones extranjeras y a las divisas proporcionadas por el turismo. El flujo migratorio al extranjero, principalmente a Francia, Suiza, Bélgica y Alemania, que llevó entre 1960 y 1975 a 3 millones de españoles a residir en esos países por motivos de trabajo, proporcionó una importante fuente de ingresos. Los españoles se iban a trabajar a otros países y los ciudadanos de esos mismos países venían como turistas a España. El número de turistas extranjeros se multiplicó por ocho entre 1959 y 1973, pasando de poco más de 4 millones a casi 35. Y los ingresos de divisas aumentaron de 296,5 millones de dólares en 1960 a más de 3400 millones en 1975, que permitieron financiar más de un tercio del total de las importaciones.

La población española aumentó diez millones en las cuatro décadas de la dictadura, pasando de 26 en 1940 a 36 en 1975, debido sobre todo al descenso brusco de la tasa de mortalidad, pero el fenómeno más relevante fue el trasvase masivo de población del campo a la ciudad, el llamado éxodo rural, que transformó a la sociedad española. La crisis de la agricultura tradicional, el crecimiento industrial y la emigración desde el campo a las ciudades tuvieron importantes repercusiones en la es-

12 Examen detallado, en Carlos Barciela *et al.*, *La España de Franco (1939-1975). Economía,* Síntesis, Madrid, 2001, pp. 171-195.

tructura de clases. Emergió una nueva clase obrera, que tuvo que subsistir al principio en condiciones miserables y con bajos salarios, controlada por los falangistas y los sindicatos verticales, sometida a una intensa represión, pero que pudo utilizar desde comienzos de los años sesenta la nueva legislación sobre convenios colectivos para mejorar sus contratos.

Ese modelo de crecimiento acelerado entró en crisis en Europa a partir de 1974, causada sobre todo por la súbita subida del coste del petróleo impuesta por los países árabes un año antes, que encareció las materias primas y los alimentos, y se sintió en España con especial intensidad justo cuando comenzaba la transición a la democracia, complicando su consolidación y dando alas al discurso, que se escuchó mucho en esos años, de que con Franco se vivía mejor. La propaganda se encargó de extender el mito del desarrollo económico, como si las inversiones extranjeras, la industrialización y hasta la preparación del terreno para que la democracia se hiciera posible en el futuro fueran obra del dictador.

Una de las grandes ventajas con la que contó la dictadura de Franco en el escenario internacional, a partir de comienzos de los años cincuenta, es que el comunismo sustituyera al fascismo como enemigo de las democracias. El régimen de Franco, que cultivó el anticomunismo como ningún otro, apareció más atractivo a los ojos occidentales. Tras más de una década de miseria económica, a la dictadura se le ofreció su reinserción en el sistema capitalista occidental. Porque España constituía en esos años un campo perfectamente abonado para la penetración del capital extranjero. Con una clase obrera sometida y con una población mantenida bajo constante vigilancia política por Falange y por las fuerzas represivas, no resulta tan sorprendente que la economía española, estimulada por los créditos norteamericanos y por la fuerte expansión de la economía europea, comenzara a despegar de nuevo y alcanzara cotas de crecimiento hasta entonces desconocidas.

La España de los últimos quince años de la dictadura vivió entre la tradición y la modernidad. Hay una España miserable y primitiva, de hambruna y pobreza, que desaparece, aunque no del todo, captada en las imágenes de fotógrafos y cineastas y en las narraciones literarias. Y hay otra moderna, que nace, aunque no puede dominar todavía y matar a la vieja. Esa tensión entre la tradición y la modernidad preside tanto el cine de Carlos Saura, en *La caza* (1965) por ejemplo, como el de Luis Buñuel en *Viridiana* (1961) o el de Luis García Berlanga en *El verdugo* (1964). En *La caza* sabemos desde el primer momento que en el escenario donde los cuatro protagonistas van a cazar conejos murió mucha gente en la Guerra Civil. Los tres hombres mayores, a quienes el pasado común persigue y el presente no les permite ser felices, se matan entre ellos. Solo el joven queda vivo, no sabemos si para seguir recordando, prisionero del pasado, o como esperanza de cambio. Porque mientras los mayores preparan el enfrentamiento, con sus recuerdos, conversaciones, reproches y violencia contenida, el joven escucha música moderna en la radio y baila el *twist* con la sobrina del guardia de la finca. Y en *El verdugo,* tras la ejecución a garrote vil, el modo más cruel y primitivo de matar, aparecen en la última escena unas rubias extranjeras bailando el *twist* en un yate.

En todo caso, en aquellos años de desarrollo y crecimiento económico, la modernidad nunca pudo tragarse la historia, el pasado violento, que salía una y otra vez a través de los recuerdos, la represión y los lugares de memoria. El mismo año en que se aprobó el Plan de Estabilización, el gran giro de la política económica del franquismo, fue inaugurado el Valle de los Caídos, el monumento que consagró para siempre, veinte años después del final de la Guerra Civil, la memoria de los vencedores, «el panteón glorioso de los héroes», como lo llamaba fray Justo Pérez de Urbel, catedrático de Historia en la Universidad de Madrid, apologista de la Cruzada y de Franco, y primer abad mitrado de la Santa Cruz del Valle de los Caídos.

Las cárceles, las ejecuciones y el exilio habían metido a las organizaciones sindicales y a los partidos políticos republicanos en un túnel del que tardarían décadas en salir. Con el tiempo, el crecimiento industrial y la emigración inauguraron nuevas formas de protesta social. En los últimos años del franquismo y en los primeros de la Transición aparecieron también conflictos y movilizaciones que mostraban importantes similitudes con los nuevos movimientos sociales que proliferaban entonces en los países industriales de Europa y Norteamérica. La dictadura fue tan larga que dio tiempo a presenciar un abanico amplio de resistencias, desde la armada protagonizada por los guerrilleros a la estudiantil, pasando por el nuevo sindicalismo de Comisiones Obreras.

La crisis y ocaso del franquismo podrían considerarse abiertos a partir de 1969, con un punto de aceleración importante en diciembre de 1973 con el asesinato de Carrero Blanco. El 21 de julio de 1969 Franco presentó a Juan Carlos como su sucesor ante el Consejo del Reino y un día después a las Cortes, que aceptaron la propuesta del dictador por 491 votos afirmativos, 19 negativos y 9 abstenciones. El 23 de julio el príncipe juró «lealtad a Su Excelencia el Jefe del Estado y fidelidad a los Principios del Movimiento y las Leyes Fundamentales». Franco tenía entonces setenta y siete años y había comenzado ya a mostrar claros síntomas de envejecimiento, agravados por la enfermedad de Parkinson y muy visibles en su temblor de manos, rigidez facial y debilitamiento de su tono de voz.

Los años que siguieron fueron los más agitados de la dictadura de Franco. Algunos miembros de la jerarquía eclesiástica, muy renovada tras la desaparición de los principales exponentes de la cruzada y del nacionalcatolicismo, empezaron a romper el matrimonio con la dictadura, presionados también por muchos sacerdotes y comunidades cristianas que, especialmente en Cataluña, el País Vasco y las grandes ciudades, reclamaban una Iglesia más abierta, comprometida con la justicia social y los derechos humanos. Algo o mucho se movía en esa Iglesia dirigida desde 1972 por el cardenal Vicente Enrique y Tarancón, y que trataba de adaptarse a las exigencias del Concilio Vaticano II y a los cambios de la sociedad española.

Desde 1971 hasta la muerte de Franco, los conflictos se extendieron por todas las grandes ciudades y se radicalizaron por la intervención represiva de los cuerpos policiales, cuyos disparos dejaban a menudo muertos y heridos en las huelgas y manifestaciones. La violencia policial llegaba también a las universidades, donde crecían las protestas y se multiplicaban las minúsculas organizaciones de extrema izquierda. La respuesta de las autoridades franquistas, con Carrero Blanco a la cabeza, fue siempre mano dura, represión y una confianza inquebrantable en las fuerzas armadas para controlar la situación.

En diciembre de 1973, el asesinato por ETA de Carrero Blanco, presidente del Gobierno desde junio de ese año, aceleró la crisis interna de la dictadura. Unos días después, Franco eligió como presidente a Carlos Arias Navarro, ministro de Gobernación en el momento del asesinato de Carrero y símbolo vivo de la represión franquista. Arias anunció su Gobierno el 23 de enero de 1974. Eliminó a López Rodó y a los tecnócratas, poniendo punto final a más de quince años de presencia del Opus Dei al frente de los principales ministerios y llamó a hombres del Movimiento de procedencia falangista. A su aperturismo verbal, plasmado en su primer discurso ante las Cortes el 12 de febrero, el llamado «espíritu de febrero», se lo comió muy pronto la represión con la que tuvo que hacer frente a la explosión de conflictos, al incremento del terrorismo y al desafío abierto que le planteó una oposición política todavía demasiado dividida. Por si fuera poco, la aguda crisis económica que acompañó a su Gobierno desde el principio ponía fin a los años de milagro económico y prosperidad de la dictadura.

Apenas tres meses después de formarse el Gobierno, su imagen estaba ya muy empañada por el arresto domiciliario del obispo de Bilbao, Antonio Añoveros, tras su homilía a favor del uso de la lengua vasca, y la ejecución a garrote vil del anarquista catalán Salvador Puig Antich y del polaco Hein Chez, acusados de haber dado muerte a un policía y a un guardia civil. El terrorismo golpeó fuerte en septiembre de ese año, con 12 víctimas mortales por la explosión de una bomba en la cafetería Rolando, cercana a la Dirección General de Seguridad en la madrileña Puerta del Sol, en el atentado más sangriento de ETA durante la dictadura.

El *búnker* y la ultraderecha se envalentonaron. En agosto de 1975 se puso en marcha una nueva ley antiterrorista que restablecía los consejos de guerra sumarísimos y que se aplicó con carácter retroactivo a once militantes de ETA y del FRAP (Frente Revolucionario Antifascista Patriótico), pequeño grupo terrorista de inspiración marxista-leninista fundado dos años antes, acusados del asesinato de tres policías. Los datos de los procedimientos incoados por el Tribunal de Orden Público (TOP), que había sido creado en diciembre de 1963, prueban claramente esa escalada de la represión: en los tres años finales de esa jurisdicción (1974, 1975 y 1976), con Arias en el Gobierno, se tramitaron 13 010 procedimientos, casi el 60 % del total de los doce años de funcionamiento.[13]

La condena a muerte de esos tres miembros de ETA y ocho del FRAP, entre ellos dos mujeres embarazadas, provocó una masiva huelga general en el País Vasco, enérgicas protestas en el exterior y peticiones de clemencia de notables personajes como el papa Pablo VI, don Juan, la reina de Inglaterra o Leónidas Breznev. Encerrado en su búnker, Franco ejerció su famoso derecho de gracia sobre seis de los condenados y aprobó la sentencia de los cinco restantes, ejecutados el 27 de septiembre de 1975. Los Gobiernos de varios países retiraron a sus embajadores como protesta. La respuesta del régimen fue la habitual en esos casos: masiva concentración de apoyo a Franco en la plaza de Oriente.

Dos meses después de que ordenara esas ejecuciones, el dictador dio su último suspiro. Cuando murió, su dictadura se desmoronaba. La desbandada de los llamados reformistas o «aperturistas» en busca de una nueva identidad política era ya general. Muchos franquistas de

13 Juan José del Águila, *El TOP. La represión de la libertad (1963-1977)*, Planeta, Barcelona, 2001, p. 17. El TOP estuvo vigente desde diciembre de 1963, ley de creación, hasta enero de 1977 (Real Decreto-Ley de extinción).

siempre, poderosos o no, se convirtieron de la noche a la mañana en demócratas de toda la vida. La mayoría de las encuestas realizadas en los últimos años de la dictadura mostraban un creciente apoyo a la democracia, aunque nada iba a ser fácil después de la dosis de autoritarismo que había impregnado la sociedad española durante tanto tiempo.

5.

Transición y democracia

Franco murió en la cama en noviembre de 1975 y tras su muerte, que ponía fin a una dictadura de casi cuarenta años, se produjo una transición a la democracia «desde arriba», conducida por las autoridades procedentes del franquismo, aunque negociada y pactada en algunos puntos básicos con los dirigentes de la oposición democrática. Hay quienes argumentan que los ingredientes que favorecieron ese peculiar modo de transición deben rastrearse en las dimensiones de la crisis padecida por el régimen de Franco desde mediados de la década de 1960. La profunda transformación política y cultural que siguió a la muerte del dictador no puede entenderse, por lo tanto, si no se tienen en cuenta los cambios sociales que ya estaban en marcha desde quince años antes.[1]

1 José María Maravall y Julián Santamaría, «El cambio político en España y la perspectiva de la democracia», en Guillermo O'Donnell, Philippe C. Schmitter y Laurence Whitehead (comps.), *Transiciones desde un gobierno autoritario. 1. Europa meridional*, Paidós, Buenos Aires, 1989, pp. 116-118. Ha insistido en ese argumento Santos Juliá, «Cambio social y cultura política en la transición a la democracia», en José-Carlos Mainer y Santos Juliá, *El aprendizaje de la libertad 1973-1986. La cultura de la transición*, Alianza Edi-

Otros autores van más lejos. El recuerdo traumático de la Guerra Civil, el miedo a los militares y a la derecha franquista y el deseo de no repetir un conflicto tan violento estuvieron muy presentes en los primeros años de la Transición.[2] La salida democrática, no obstante, no tenía por qué resultar fácil. Más de una generación de españoles creció y vivió sin ninguna experiencia directa de derechos o procesos democráticos. Al ejército de Franco, unido en torno a él y que no había sufrido una derrota militar, como ocurrió en otras dictaduras, le costó asimilar los cambios. Los gobernantes, encabezados por Arias Navarro, conservaban casi intacto el aparato político y represivo del Estado. Un gobierno autoritario prolongado tiene efectos profundos sobre las estructuras sociales y políticas, en los valores individuales y en los comportamientos de los diferentes grupos sociales.

El 20 de noviembre de 1975, la fecha de la muerte de Franco, no había ningún guion escrito, ningún camino fijado de antemano para que una dictadura autoritaria de casi cuatro décadas se convirtiera de forma pacífica en una democracia. Las cosas evolucionaron de una manera determinada, pero pudieron haber sido distintas. El resultado final, por lo menos a partir de 1982, fue

torial, Madrid, 2000, pp. 16-17. El caso español como transición «desde arriba», en José Casanova, «Las enseñanzas de la transición democrática en España», en Manuel Redero San Román (ed.), «La transición a la democracia en España», *Ayer*, 15 (1994), pp. 32-34.

2 Tesis de Paloma Aguilar Fernández, *Memoria y olvido de la guerra civil española,* Alianza Editorial, Madrid, 1996, reinterpretada posteriormente en «Justicia, política y memoria: los legados del franquismo en la transición española», en Alexandra Barahona de Brito, Paloma Aguilar y Carmen González Enríquez (eds.), *Las políticas hacia el pasado. Juicios, depuraciones, perdón y olvido en las nuevas democracias,* Istmo, Madrid, 2002, pp. 140-142.

una monarquía parlamentaria basada en una Constitución democrática, con un amplio catálogo de derechos y libertades, el fruto de una transición compleja, sembrada de conflictos, de obstáculos previstos y de problemas inesperados, en un contexto de crisis económica y de incertidumbre política.

Muchos acontecimientos en apenas siete años de historia. En un primer período, hasta las elecciones generales de 1977, las elites políticas procedentes del franquismo llevaron adelante una reforma legal de las instituciones de la dictadura, empujadas desde abajo por las fuerzas de la oposición democrática y por una amplia movilización social. Un segundo paso llevaría desde la formación de un Parlamento democrático, con el poder y la voluntad de elaborar una constitución, hasta la aprobación del texto consensuado por los principales partidos políticos en el referéndum celebrado en diciembre de 1978. En los años siguientes se inició el desarrollo del Estado de derecho y la organización territorial autonómica en medio de graves problemas, como el involucionismo militar, el terrorismo o la crisis del sistema de partidos. Cuando los socialistas llegaron al poder, después de la victoria arrolladora de octubre de 1982, se podía decir que la Transición había concluido y que la democracia caminaba hacia su consolidación.

El 22 de noviembre de 1975, en el hemiciclo de las Cortes, el príncipe Juan Carlos de Borbón y Borbón juraba su cargo como nuevo rey de España según lo dispuesto en la Ley de Sucesión de la Jefatura del Estado. Lo que entonces empezaba no tenía un curso fijo ni un plan determinado. Había tanta ilusión y expectación como ambigüedad e incertidumbre. Todo el mundo, dentro y fuera de España, reconocía que se iba a abrir una nueva época histórica, pero eran muy pocas las coincidencias en torno a la manera de llevar adelante ese proceso, quiénes serían sus protagonistas y cuál sería su alcance y resultado final. Desde luego, el grueso caparazón del régimen franquista que controlaba el poder no contenía el embrión de la democracia y tampoco el nuevo jefe del Estado ofrecía las mejores garantías. En aquellos momentos, la oposición democrática no se planteaba otro escenario que no fuera el de la ruptura política, la movilización social y la constitución de un Gobierno provisional sin ataduras con el pasado.

En el discurso de su proclamación, el rey había basado su legitimidad en tres principios diferentes: la tradición histórica, las leyes fundamentales del Reino y el mandato del pueblo. Pero lo cierto es que la corona no le llegaba por sucesión real —el derecho al trono seguía en manos de su padre, don Juan, que permanecía en el exilio— y que los parlamentarios que le escuchaban en las Cortes no representaban, ni mucho menos, la voluntad de la soberanía nacional. Su única legitimidad en esos momentos procedía del testamento político del dictador, de la legalidad franquista vigente. Si quería salvaguardar la monarquía, tenía que servirse de ella para iniciar un proceso de reforma, controlado desde el interior de las instituciones, que permitiera la creación sin sobresaltos de un régimen representativo homologable dentro del marco político europeo. Un difícil equilibrio entre la continuidad y el cambio.[3]

3 El relato de los acontecimientos y el desarrollo político se pueden seguir en Javier Tusell, *La transición española. La recuperación de las libertades,* Temas de Hoy, Madrid, 1997. También, en la síntesis de Charles Powell, *España en democracia, 1975-2000,* Plaza & Janés, Barcelona, 2001; y Paul Preston, *El triunfo de la democracia en España, 1969-1982,* Plaza & Janés, Barcelona, 1986. De forma más profunda, en Xosé M. Núñez Seixas (coord.), *España en democracia,*

El primer paso llegó el 3 de diciembre con el nombramiento de Torcuato Fernández-Miranda como presidente de las Cortes y del Consejo del Reino, el encargado de preparar el terreno para un futuro Gobierno reformista. Un papel que, desde luego, no iba a desempeñar el presidente del primer Gabinete de la monarquía, Arias Navarro, que bien podía considerarse como el último de la dictadura. Su ratificación al frente del Ejecutivo truncaba las esperanzas de aquellos que esperaban una política aperturista más decidida. De todas formas, el franquismo recalcitrante de Arias Navarro, cercano a las posturas inmovilistas del *búnker*, era minoritario dentro del Consejo de Ministros nombrado por el rey el 12 de diciembre de 1975. En ese Gabinete destacaban políticos de mayor altura y claro talante reformista como Manuel Fraga, José María de Areilza, Antonio Garrigues y Alfonso Osorio. Junto a ellos aparecían hombres más jóvenes que serían protagonistas de la historia política de los años posteriores: Adolfo Suárez, Rodolfo Martín Villa y Leopoldo Calvo Sotelo.

La clase política formada en la Administración del Estado consideraba que podía prescindir de la oposición en todo lo que no fuera una toma de contacto informal. Tenía en sus manos la garantía del aparato represivo del sistema y la aquiescencia esperada de una parte importante de la población educada en la desconfianza hacia los cambios políticos, identificada con los

1975-2011, Crítica-Marcial Pons, Barcelona, 2017. Una revisión crítica, en Josep M. Colomer, *La transición a la democracia: el modelo español*, Anagrama, Barcelona, 1998, y Ferran Gallego, *El mito de la transición. La crisis del franquismo y los orígenes de la democracia (1973-1977)*, Crítica, Barcelona, 2008. Una visión actualizada, en Carme Molinero y Pere Ysàs, *La Transición. Historia y relatos*, Siglo XXI, Madrid, 2018.

valores de la seguridad y del orden. Sobre la base de ese «franquismo sociológico», el primer Gobierno de la monarquía esperaba encontrar un camino allanado para una reforma continuista que partiera de las estructuras políticas del régimen sin necesidad de una consulta popular previa ni de dialogar con la oposición. Siempre y cuando, claro está, pudiera sortear las reticencias de los sectores más inmovilistas y desmontar la movilización social que desde la calle exigía el cambio democrático.

Pero al cabo de seis meses, al terminar la primavera de 1976, era evidente que el plan inicial del Ejecutivo quedaba en vía muerta. Lo que realmente desbloqueó la situación, terminó con el Gobierno de Arias Navarro y removió los obstáculos que impedían el tránsito hacia un sistema de libertades fue la creciente y poderosa presión social ejercida por una parte no desdeñable de la población española. La protesta no procedía solo de las filas del movimiento obrero. Junto a las movilizaciones que tenían su origen en los centros de trabajo proliferaron las acciones protagonizadas por sectores sociales, colectivos y organizaciones de diverso signo que habían surgido en los últimos años del franquismo: las asociaciones estudiantiles, el movimiento ciudadano de los barrios, los sectores de base de la Iglesia, las reivindicaciones de intelectuales y profesionales, los jornaleros y pequeños propietarios agrícolas y otros grupos más o menos heterogéneos que representaban a nuevos movimientos sociales como el feminismo, el pacifismo o el ecologismo.

Una auténtica eclosión de protestas democráticas que en los meses iniciales de 1976 sacudió el territorio español, un aluvión de huelgas, manifestaciones, encierros, asambleas, demandas salariales, peticiones de amnistía y libertad y reivindicaciones de autonomía que hicieron comprender a las elites que monopolizaban el poder, y al propio rey, que la situación se escapaba de sus manos y podían perderlo todo si no se emprendía un proyecto reformista más serio y decidido.[4]

En las universidades, donde había más de medio millón de estudiantes matriculados, se multiplicaron las manifestaciones, las asambleas, las campañas de apoyo a huelguistas, las reuniones de carácter cultural y festivo con contenido político y los paros a favor de la amnistía que muchas veces acababan con cargas policiales, redadas, registros domiciliarios, expedientes disciplinarios y el cierre temporal de los centros. Dentro del movimiento estudiantil el PCE era mayoritario, como en muchas asociaciones vecinales y colectivos de barrios, pero el movimiento ciudadano se extendía hacía asociaciones de mujeres, clubes juveniles, grupos culturales y agrupaciones profesionales con un perfil ideológico más difuso. Todos ellos estaban unidos en torno a reivindicaciones comunes, como el problema de la vivienda, la falta de servicios públicos, las reclamaciones medioambientales o la carestía de la vida.

La protesta urbana, nacida en los barrios periféricos, derivó pronto hacia cuestiones políticas como las peticiones de amnistía y la demanda de ayuntamientos democráticos. El movimiento vecinal funcionó como una plataforma de concienciación política que amplió las bases sociales de la oposición. Y fue también una extraordinaria escuela de politización para las mujeres, verdaderas protagonistas del tejido asociativo vecinal. En los barrios surgieron movilizaciones de carácter netamente feminis-

4 Nicolás Sartorius y Alberto Sabio, *El final de la dictadura: la conquista de la democracia en España*, Temas de Hoy, Madrid, 2007.

ta, impulsadas por el Movimiento Democrático de Mujeres, que combinaron las luchas por la igualdad legal y el final de las discriminaciones de género con campañas a favor de los presos políticos y en pro de la amnistía.

En los barrios de las grandes ciudades fueron famosos los *curas obreros,* el clero «contestatario» que tanto disgustó al régimen franquista en sus últimos años, cercano a organizaciones de base como la Hermandad Obrera de Acción Católica (HOAC) y la Juventud Obrera Cristiana (JOC). Hubo religiosos que se implicaron en comisiones pro amnistía, en la condena de las torturas, en la protección de Comisiones Obreras y en la cesión de los templos para encierros de trabajadores. También, en el fomento del asociacionismo agrario. En este sector destacaron las acciones colectivas de los pequeños agricultores, que protestaron por los precios agrarios y la falta de representatividad campesina a través de concentraciones locales, cortes de carreteras, tractoradas y marchas hacia Madrid organizadas por las Comisiones Obreras del Campo, la Federación de Trabajadores de la Tierra-UGT y por las Uniones de Agricultores y Ganaderos aglutinadas en la Coordinadora de Agricultores y Ganaderos (COAG).

En el invierno de 1975 se habían comenzado a sentir con dureza los efectos de la recesión económica internacional provocada por la crisis del petróleo de 1973. La conflictividad laboral se disparó a partir de diciembre de 1975 no solo por el número de huelgas y de obreros implicados, sino también por la extensión de las protestas hacia todos los sectores productivos a lo largo y ancho del territorio nacional. Una movilización social desconocida desde hacia cuarenta anos, vertebrada fundamentalmente en torno a Comisiones Obreras, la organización obrera más influyente.

La mayoría de las acciones colectivas de protesta, aunque en general se desarrollaron por medios pacíficos, se situaban fuera de la legalidad vigente, todavía sin derechos de expresión, reunión y asociación. La política de orden público dirigida por Fraga tuvo un carácter claramente discrecional, con una persecución implacable de los actos promovidos por Comisiones Obreras o por el PCE. El aparato represivo del franquismo seguía funcionando con todos sus instrumentos. En 1976 había en España más de un millar de presos políticos, los miembros de la Brigada de Investigación Político-Social trabajaban con ahínco, el Tribunal de Orden Público (TOP) abrió en ese año casi cinco mil causas con penas de cárcel, sanciones administrativas y elevadas multas, y la censura se empleaba a fondo. En la calle se repetían las cargas policiales, los encarcelamientos arbitrarios y los malos tratos y torturas en los cuarteles y comisarías. Y también disparos, como el trágico balance del asalto policial a la iglesia vitoriana de San Francisco de Asís: cinco trabajadores muertos y varias docenas de heridos. La masacre del 3 de marzo en Vitoria desencadenó una amplia campaña de protesta en toda España contra la impunidad y la brutalidad de la represión.

Las movilizaciones de solidaridad con los presos políticos y con las víctimas de la violencia denunciaban también la permisividad de la policía, cuando no la connivencia, con los atentados de radicales ultraderechistas como las bandas de Guerrilleros de Cristo Rey o los jóvenes militantes de Fuerza Nueva. Los sucesos más sangrientos tuvieron lugar cn cl mcs dc mayo en Montejurra, la montaña navarra, enclave tradicional de peregrinación carlista, donde un grupo de extrema derecha ocasionó dos muertos y más de treinta heridos.

Para entonces las protestas contra la represión y las movilizaciones pro amnistía habían acercado las posturas de la Junta Democrática, liderada por el PCE, y la Plataforma de Convergencia Democrática, encabezada por el PSOE, unidas bajo el nombre de Convergencia Democrática, la «Platajunta». Obligado por las circunstancias, el 1 de julio el rey llamó a Arias Navarro para exigirle su dimisión y formar un nuevo Gabinete encabezado, para sorpresa de casi todos, por Adolfo Suárez.

Suárez era un falangista católico con buenos contactos desde su etapa anterior al frente de Radio Televisión Española y su paso decisivo por la Secretaría General del Movimiento. No estaba adscrito de manera clara a ningún sector del régimen y reunía las dosis de audacia, simpatía, pragmatismo y serenidad necesarias para encabezar un proceso que, al tiempo que llevara al país hacia la democracia, le diera credibilidad a la monarquía. En su Gobierno continuaban los ministros militares, pero destacaban jóvenes reformistas de talante moderado y perfil democristiano como Landelino Lavilla, Alfonso Osorio, Marcelino Oreja, Fernando Abril Martorell o Leopoldo Calvo Sotelo.

A finales de agosto de 1976 el proyecto de la ley para la Reforma Política ya estaba encima de la mesa del Consejo de Ministros. Suárez lo presentó a la cúpula del Ejército en una reunión de la que los altos mandos militares salieron convencidos de que no se legalizaría el PCE. Poco después, la oposición abierta del general Fernando de Santiago a la legalización de las centrales sindicales provocó su destitución como vicepresidente primero y ministro para Asuntos de la Defensa y el nombramiento del general Manuel Gutiérrez Mellado, uno de los pocos militares de talante liberal y reformista.

La mayor tolerancia del Gobierno hizo posible que el 11 de septiembre se celebrara la *Diada,* la fiesta nacional de Cataluña, con la triple petición de libertad, amnistía y estatuto de autonomía, y que la mayoría de los grupos políticos y sindicales se movieran por toda España con una cierta permisividad. La situación más conflictiva se vivía en el País Vasco, con graves enfrentamientos entre la policía y los manifestantes, movilizaciones pro amnistía y la tensión creada por la sucesión de asesinatos cometidos por ETA, 26 a lo largo de ese año.

El proyecto de ley para la Reforma Política pasó por el Consejo Nacional del Movimiento y llegó a las Cortes, donde fue aprobada el 18 de noviembre con el voto favorable de 435 de los 531 procuradores. Por ello a esas Cortes se las llamó las del *harakiri,* porque habían propiciado voluntariamente su desmantelamiento. Pero no fue así. Para superar el principal escollo, los 183 procuradores pertenecientes a Alianza Popular (AP), la coalición de notables franquistas que acababa de crear Fraga, el Gobierno tuvo que aceptar cambios significativos que favorecían la creación de un sistema bipartidista y privilegiaban el voto conservador de las provincias pequeñas. Muchos procuradores podían pensar que volverían al Parlamento elegidos por sus provincias de origen, beneficiados por el apoyo gubernamental o como senadores de designación real. Otros fueron convencidos con promesas de premios, prebendas y cargos públicos. Los más sensatos eran conscientes de que una propuesta más rupturista podía cuestionar su pasado, sus privilegios y sus patrimonios.

El éxito en las Cortes se repitió en las urnas unas semanas más tarde, en el referéndum celebrado el 15 de diciembre. El Gobierno consiguió la movilización electoral de una mayoría de la población que conservaba la imagen de un pasado traumático, el de la Guerra Civil, y privilegiaba todavía los valores de la paz, el orden y la estabilidad. La elevada participación, un 77 % del censo, mostró las limitaciones de la oposición democrática, que había pedido la abstención. Los votos afirmativos superaron el 94 % de los escrutados, un claro reconocimiento de la opinión pública a la línea reformista del Gobierno.

En diciembre de 1976, el PSOE pudo celebrar sin problemas su primer congreso dentro de España. Pero el Gobierno no se mostraba dispuesto a aceptar legalmente la existencia del PCE. Las cosas empezaron a cambiar a partir de la llamada *semana negra* de Madrid, de los sucesos ocurridos entre el 23 y el 28 de enero de 1977. En esos días los Grupos de Resistencia Antifascista Primero de Octubre (GRAPO), el brazo armado de una escisión comunista, secuestraron al teniente general Emilio Villaescusa y asesinaron a tres policías. En las calles de la capital se vivió la muerte de un estudiante a manos de un grupo de ultras, el fallecimiento posterior de una joven golpeada por un bote de humo en una manifestación de protesta y la irrupción de unos pistoleros de ultraderecha en un despacho de abogados laboralistas ligados a CC. OO. con el resultado de cinco muertos y cuatro heridos graves.

Los autores de la matanza de la calle Atocha provocaron el efecto contrario al que perseguían. No hubo movimientos en los cuarteles, el Gobierno mantuvo la calma y los comunistas empezaron a recibir innumerables muestras de solidaridad y el reconocimiento general por el orden y la serenidad que supieron mostrar en la impresionante manifestación de duelo por los abogados asesinados.[5]

5 Santos Juliá, José Luis García Delgado, Juan Carlos Jiménez y Juan Pablo Fusi, *La España del siglo XX*, Marcial Pons, Madrid, 2007, pp. 237-239.

El 27 de febrero, Suárez se reunió en secreto con Carrillo y le adelantó la posibilidad de la legalización a cambio de la aceptación de la Corona y de los símbolos del Estado. El 9 de abril, en medio de las vacaciones de Semana Santa, el Gobierno permitió la inscripción legal del PCE. En su primera reunión como partido legal el Comité Central del PCE aprobó el reconocimiento de la monarquía parlamentaria y su líder apareció en la rueda de prensa posterior al lado de la bandera «de todos los españoles».

El proceso de reforma legal que iba a desembocar en la celebración de elecciones generales no encontró demasiadas trabas. El Gobierno ya había disuelto en el mes de enero el Tribunal de Orden Público, en febrero había publicado el decreto que permitía la inscripción de asociaciones políticas y a lo largo del mes de marzo y en los primeros días de abril aprobó el derecho de asociación sindical, con la inmediata legalización de CC. OO., UGT y USO. Tampoco hubo resistencias serias al desmantelamiento de las instituciones del régimen. Todos los funcionarios de la Organización Sindical y los adscritos a los organismos del Movimiento fueron absorbidos por la Administración.

El 15 de junio de 1977 dieciocho millones y medio de españoles y españolas mayores de 21 años, el 78,7 % del censo, acudieron a votar en libertad. Muy pocos recordaban haberlo hecho antes. El triunfo en porcentaje de votos, 34,4 %, y en número de escaños, 165, correspondió a la Unión de Centro Democrático (UCD), presidida por Adolfo Suárez, un partido constituido cinco semanas antes de las elecciones por quince organizaciones diferentes y por políticos de origen muy distinto. Los votos de la UCD procedían sobre todo de las zonas rurales y de las clases medias urbanas. Suárez contó con el dominio de Televisión Española, que tan bien conocía, y con el control de los gobiernos civiles, las diputaciones y los ayuntamientos. Pero no hay que negar que era el político mejor valorado en todas las encuestas de opinión pública, que muchos le consideraban el hombre del rey y que le avalaba su trayectoria reformista y moderada.

En segundo lugar quedó el PSOE, con el 29,3 % de los votos y 119 diputados. La actuación práctica de sus dirigentes, en especial de Felipe González, tuvo la habilidad y flexibilidad necesarias para obtener respaldo internacional, absorber a otros grupos socialistas y conseguir el apoyo de la mayor parte de los electores de los núcleos urbanos e industriales que identificaban sus siglas con la apuesta por la libertad y las transformaciones sociales. A la izquierda del PSOE, el PCE obtuvo el 9,3 % de los votos y 19 escaños, unos pobres resultados si se tienen en cuenta sus expectativas de partida, con una clara hegemonía en el mundo sindical y universitario. A la derecha de la UCD quedaba Alianza Popular, el partido fundado por Fraga para agrupar a las figuras más caracterizadas del régimen franquista. AP consiguió el 8,8 % de los sufragios y 16 diputados. Las elecciones barrieron al resto de las siglas políticas con la salvedad de los nacionalistas catalanes y vascos. El Pacte Democràtic per Catalunya de Jordi Pujol consiguió el 2,8 % de los votos y 11 diputados, y el PNV alcanzó el 1,7 % de los votos y 8 diputados.

En el verano de 1977 el nuevo Gabinete de Suárez, formado por los principales *barones* de la coalición electoral, lejos de la mayoría absoluta, tuvo que gobernar en minoría con alianzas puntuales y la búsqueda de un amplio consenso ante los grandes problemas y retos pendientes: acordar una ley general de amnistía, encauzar las demandas de autonomía de las diferentes regiones y nacionalidades, atajar la crisis económica y elaborar una constitución.

La ley de amnistía aprobada el 15 de octubre de 1977 por todos los grupos parlamentarios, con la abstención de Alianza Popular, incluía todos los actos de intencionalidad política y también los delitos y faltas cometidos por las autoridades y agentes del orden público. Los presos de ETA y los del GRAPO quedaban en libertad y el Estado renunciaba a abrir cualquier investigación judicial o a exigir responsabilidades contra los funcionarios públicos. Era la expresión más visible y explícita del acuerdo tácito que sellaron las elites procedentes del franquismo y las fuerzas de la oposición para no convertir el pasado más espinoso en objeto de debate político. La cultura política de los ciudadanos y el discurso público de los parlamentarios estaban influidos por el recuerdo traumático de la guerra y el miedo a que se reprodujera una situación similar en medio de un proceso dominado por la incertidumbre causada por la crisis económica, la conflictividad social, el terrorismo de uno y otro signo y la inquietud ante las amenazas de involución militar.[6]

Un pacto político de olvido del pasado, acordado por las elites parlamentarias, y un pacto social y económico negociado también desde arriba, firmado por los dirigentes de los principales partidos. En el verano de 1977 el déficit del sector exterior seguía creciendo de manera alarmante, la inflación rondaba el 40 % y una tasa de paro hasta entonces desconocida, cercana al 7 %, superaba ya la media de la OCDE. El día 25 de octubre, des-

6 Aguilar Fernández, *Memoria y olvido de la guerra civil española*.

pués de varias semanas de largas reuniones, se firmaron los llamados *Pactos de la Moncloa,* aprobados poco después en el Parlamento. En lo esencial, los acuerdos suponían la aceptación por parte de las fuerzas de la izquierda de una política de moderación y contención salarial para frenar la inflación a cambio de una serie de promesas de reformas fiscales, jurídicas, institucionales y sociales. Entre ellas, la creación de un impuesto sobre el patrimonio y el establecimiento del Impuesto sobre la Renta de las Personas Físicas (IRPF), que buscaban la armonización fiscal con Europa, la transformación del sistema financiero, el control del gasto público, la revisión del Código de Justicia Militar y de la Ley de Orden Público, el control parlamentario de los medios de comunicación, medidas para frenar la especulación y favorecer el acceso a la vivienda, la extensión de la enseñanza gratuita, la ampliación del subsidio de desempleo, el refuerzo presupuestario de la Seguridad Social y la creación de un nuevo marco de relaciones laborales, el Estatuto de los Trabajadores, que no se aprobaría hasta 1980.

El protagonismo principal en la redacción de la Constitución recayó en una ponencia compuesta por siete miembros de la Comisión Constitucional creada en el Congreso. Había tres representantes de la UCD, Gabriel Cisneros, Miguel Herrero de Miñón y José Pedro Pérez-Llorca; uno del PSOE, Gregorio Peces-Barba; uno de AP, Manuel Fraga; uno del PCE-PSUC, Jordi Solé Tura, y un séptimo diputado, Miquel Roca, en representación de los nacionalistas catalanes y vascos, aunque el PNV no tardó en desligarse. La ponencia trabajó durante el segundo semestre de 1977 y los primeros meses de 1978 en un anteproyecto que fue presentado a principios de mayo en el seno de la Comisión Constitucional. El acuerdo final alcanzado entre la UCD y el PSOE permitió superar las desavenencias principales, con concesiones y renuncias de unos y de otros, y una ambigüedad calculada en la redacción de los artículos más controvertidos. El texto aprobado por la Comisión pasó en el verano por los trámites del Congreso y del Senado y el 31 de octubre se sometió a una última votación en ambas cámaras. En el Congreso hubo 325 votos favorables, 6 negativos, 14 abstenciones y 5 ausencias; en el Senado, 226 votos a favor y solo 5 en contra, con 8 abstenciones. El resultado final reflejó el amplio consenso alcanzado entre la mayoría de los grupos parlamentarios a excepción de AP, que vio cómo 5 de sus diputados votaban en contra.

El largo proceso de redacción y discusión de la Constitución y la extensión final del texto, con 11 títulos, 169 artículos, 9 disposiciones transitorias, una derogatoria y otra final, dan fe de la complejidad del proceso y de las dificultades para alcanzar el consenso en torno a los principios y los límites que debía tener el «Estado social y democrático de Derecho». El título I, que enumeraba los derechos y libertades fundamentales, fue uno de los más discutidos. Y no tanto por el carácter aconfesional del Estado, que reconocía de todas maneras la influencia social de la Iglesia católica, sino por cuestiones como la educación, la abolición de la pena de muerte o el derecho a la vida, con el problema de fondo del aborto. La aprobación del título II, que declaraba que la forma política del Estado era la monarquía parlamentaria, tuvo menos problemas de los esperados. La Corona quedó incorporada con unas competencias restrictivas que, no obstante, dejaron en manos de Juan Carlos I dos potestades muy importantes: la designación del presidente del Gobierno y el mando supremo de las Fuerzas Armadas.

Las luces y las sombras del proceso constituyente quedaron reflejadas en el referéndum celebrado el 6 de diciembre de 1978. El 87 % de los españoles que acudieron a las urnas respaldaron una Constitución claramente democrática, que acababa con todas las leyes del franquismo y definía un marco de convivencia ciudadana comparable al de los países europeos más avanzados. Sin embargo, la participación fue menor de la esperada, un 67 % del censo, apenas un 45 % en el caso del País Vasco, donde el PNV había pedido la abstención.

Los años 1979 y 1980, los de la promulgación del estatuto y las primeras elecciones al Parlamento Vasco, fueron los más sangrientos de toda la historia de ETA. En ese breve espacio de tiempo, la escalada terrorista dejó una cuenta macabra de 167 asesinatos, uno de los factores que más contribuyeron a exaltar los ánimos de los militares del *búnker* franquista. El malestar castrense había ido creciendo a partir de la legalización del PCE. La campaña de propaganda de la prensa ultraderechista difundía en los cuarteles la imagen de un país desgarrado por las acciones terroristas, las demandas disgregadoras de los nacionalistas, las vejaciones a la bandera y los símbolos patrióticos y la debilidad del Gobierno.

Los contactos de los conspiradores comenzaron en el verano de 1980 y continuaron durante el otoño y el invierno de aquel año. Por fin, lo que muchos temían, el golpe de Estado, se produjo en las Cortes en la tarde del 23 de febrero de 1981. La sesión del Congreso de aquella tarde inolvidable no era un pleno ordinario. La entrada en el hemiciclo, pistola en mano, del teniente coronel Tejero, al mando de dos centenares de guardias civiles, impidió que se llevara a cabo la segunda votación de la propuesta de Leopoldo Calvo Sotelo como candidato a la presidencia del Gobierno. Para sorpresa de la mayoría de los españoles y de algunos de sus ministros, el 27 de enero Suárez había presentado su dimisión al rey, que no intentó disuadirle. El factor determinante fue la división interna de la UCD, donde era difícil separar las disputas ideológicas de los enfrentamientos personales.

La crisis interna del partido del Gobierno y la dimisión de Suárez dieron el último empujón a los mandos militares. La irrupción en el Congreso de Tejero era parte de una trama dirigida por el general Alfonso Armada, segundo jefe del Estado Mayor, con la colaboración decidida de Milans del Bosch, al frente de la capitanía general de Valencia. El plan de los golpistas preveía la marcha sobre Madrid de los vehículos blindados de la División Acorazada Brunete, el concurso posterior de los capitanes generales al mando de las diferentes regiones militares y la intervención final de Armada, antiguo secretario general de la Casa del Rey, para actuar en nombre de la Corona y encabezar un Gobierno de salvación nacional. Un golpe monárquico contra la democracia.

La actuación de Juan Carlos I fue decisiva desde los primeros momentos, cuando se negó a recibir a Armada en el Palacio de la Zarzuela y comenzó a telefonear a los capitanes generales. La actitud de la mayoría de ellos, de ideología franquista y claramente hostiles al régimen constitucional, se movió entre la duda y la ambigüedad. Los pocos que manifestaron su voluntad inequívoca de mantenerse al lado de la legalidad lo hicieron más por su sentido de obediencia al rey, el jefe supremo de las fuerzas armadas, que por sus convicciones democráticas. Pero su lealtad resultó determinante. Tejero quedó aislado en el Congreso y, después de largas horas de confusión e incertidumbre, a la una y veinte minutos de la madrugada del 24 de febrero, los televisores de toda España reprodujeron el mensaje grabado del rey que ordenaba el mantenimiento del orden constitucional. El golpe de Estado había fracasado.

El éxito arrollador del PSOE en las elecciones generales de octubre de 1982 vino precedido del desmoronamiento total de la UCD. El PSOE era un partido con cien años de historia, pero encabezado por líderes jóvenes, con unas siglas revolucionarias, pero un programa reformista que prometía estabilidad y seguridad, con todo el peso de los valores tradicionales de la izquierda, pero con promesas que hablaban solo del futuro y un eslogan que pedía el voto «por el cambio». Para muchos testigos contemporáneos, y para la mayoría de los historiadores, la transición a la democracia terminó la noche del 28 de octubre de 1982, cuando Felipe González salió a la ventana del Hotel Palace de Madrid sabiendo que iba a ser el próximo presidente del Gobierno, el primer presidente socialista de la historia de España salido de unas elecciones.

Los extraordinarios resultados permitieron a Felipe González liderar un Gobierno fuerte capaz de abordar las reformas militares, económicas y sociales pendientes. Los socialistas permanecieron en el poder casi catorce años, un amplio período de hegemonía política en el que se desarrolló el modelo autonómico, se extendió el Estado del bienestar y se produjo la integración de España en las instituciones europeas. Pero también fueron los años de las actividades ilegales en la lucha antiterrorista, los escándalos de corrupción, las protestas de los sindicatos y una crisis económica final, a partir de 1992, que afectó con dureza a la economía española con un altísimo porcentaje de desempleo.

La victoria socialista era previsible, pero pocos podían esperar una mayoría tan abrumadora. Más de

10 millones de votos, el 48 % de los españoles que fueron a las urnas, y 202 diputados. Un triunfo arrollador. Por detrás quedaba, a larga distancia, AP con 106 diputados, recogiendo una parte de los restos del naufragio de UCD. Por la izquierda el PCE se había visto reducido apenas a 4 escaños, un resultado catastrófico que provocó la dimisión de su viejo dirigente, Santiago Carrillo. Solo los nacionalistas mantenían sus posiciones, CiU con 12 diputados y el PNV con 8. La ultraderecha había desaparecido del mapa político.

Felipe González tenía cuarenta años. Afiliado al PSOE del interior en 1966, formó parte de su ejecutiva en 1970 y cuatro años después, en el famoso Congreso de Suresnes, alcanzó el puesto de secretario general. Contaba con un liderazgo indiscutido, un partido disciplinado y un programa socialdemócrata moderado. Las bases de una hegemonía duradera. En las elecciones generales de junio de 1986, el PSOE consiguió revalidar su mayoría absoluta sin problemas, con un 44 % de los votos y 184 diputados en el Congreso. Tres años más tarde, en octubre de 1989, volvió a gobernar en solitario con 175 diputados y un respaldo del 39 % de los votantes. Todavía en junio de 1993, cuando casi todas las previsiones daban por segura la derrota del Gobierno, el carisma personal de Felipe González logró mantener un 38 % de los votos y 159 diputados. El PSOE gobernó en minoría con el apoyo de los nacionalistas catalanes. En total trece años y medio al frente de la política española, casi el doble de tiempo que el conjunto de todos los Gobiernos de la Transición, amenazados por la crisis económica, la inestabilidad política y el miedo a la involución.

Las conversaciones para el ingreso en la CEE fueron largas y complejas, encabezadas por el ministro de Asuntos Exteriores, Fernando Morán. Superada la oposición de Francia, las arduas negociaciones del primer trimestre de 1985 culminaron el 12 de junio de ese año con la firma del Acta de Adhesión de España y Portugal. Los años siguientes fueron de un crecimiento económico rápido y sostenido, con un incremento anual del PIB superior al 4 %, muy superior a la media europea, debido en parte a la continua llegada de capitales extranjeros y también al impulso decidido del gasto público.

La inversión pública en educación, en sanidad y en otros servicios sociales básicos, como la protección frente al desempleo, las ayudas familiares o las pensiones, acercaron a los ciudadanos españoles al modelo del Estado del bienestar construido en Europa occidental en la segunda mitad del siglo XX. Además, al gasto social del Estado se unía la inversión pública llevada a cabo por los ayuntamientos y las comunidades autónomas, cada vez con mayores competencias y servicios.

El mapa autonómico español se completó en los primeros meses de 1983 con la promulgación de los cuatro estatutos de autonomía pendientes de la legislatura anterior. Comenzó entonces la descentralización efectiva del Estado y el traspaso progresivo de competencias, un proceso conflictivo plagado de recursos ante el Tribunal Constitucional y de tensas negociaciones entre las autoridades nacionales y las regionales por el retraso en las transferencias o por una insuficiente dotación presupuestaria.

Pero ETA siguió matando. Más de 300 asesinatos en los trece años largos de Gobierno socialista, con matanzas indiscriminadas como la bomba de los almacenes Hipercor de Barcelona y la de la casa-cuartel de la Guardia Civil en Zaragoza, ambas en 1987. La política antiterrorista socialista combinó la actuación policial y los primeros acuerdos con Francia sobre deportaciones y extradiciones con las medidas de reinserción. Y también los intentos de negociación con la banda terrorista, como las llamadas Conversaciones de Argel, mantenidas de manera intermitente entre finales de 1986 y los primeros meses de 1989. Por el Ministerio de Interior pasaron José Barrionuevo, José Luis Corcuera, Antoni Asunción y Juan Alberto Belloch, que no solo no consiguieron poner fin a la violencia terrorista, sino que dejaron la sombra oscura de la *guerra sucia* contra ETA como una de las notas más negras de toda la etapa socialista.

Entre 1983 y 1987 los llamados Grupos Antiterroristas de Liberación (GAL), compuestos por pistoleros de extrema derecha y mercenarios extranjeros, cometieron más de 40 atentados y asesinaron a 28 personas. Desde los primeros momentos parecía evidente la vinculación del GAL con algunos mandos policiales y autoridades gubernativas en el País Vasco, el empleo de fondos públicos reservados para financiar las actividades terroristas y la nula voluntad del Gobierno para investigar lo sucedido.

A las protestas obreras y la oposición de una parte de la izquierda se unió muy pronto la descalificación de la derecha y de algunos medios de comunicación por los casos de corrupción que se iban destapando. Los continuos escándalos revelaban la cara más oscura del ciclo expansivo económico de los años anteriores. Ni el Gobierno ni la dirección del PSOE pusieron freno a la extensión de las prácticas corruptas, a la generalización de la especulación y el fraude, a la multiplicación de pingües negocios privados a costa del gasto público.

Y los buenos tiempos de bonanza económica pasaron. En medio de la tormenta política desatada por la oleada de casos de corrupción, los escándalos de los juicios del GAL, las disputas internas de los socialistas y el clima general de malestar y desconfianza existente en la opinión pública, llegaron a España los primeros efectos de la crisis económica internacional de 1992. Un recesión breve, de apenas dos años, pero que afectó con dureza a la economía española, obligada a realizar en ese tiempo hasta cuatro devaluaciones de la peseta. La caída de la actividad productiva tocó fondo en 1993, con un crecimiento negativo del PIB, un déficit público cercano al 7 % y una tasa de paro que llegó hasta el 24 % de la población activa. El mercado de trabajo era incapaz de absorber a la generación del *baby-boom* de los sesenta que llegaba a la mayoría de edad y a la creciente incorporación de la mujer al mundo laboral.

A partir de 1995 la situación económica daba signos de notable mejoría, pero los indicadores positivos poco pudieron hacer para reducir la crispación del debate político, un auténtico viacrucis para el último Gobierno de González, salpicado cada día por los escándalos que salían de los juzgados y sometido a una campaña de acoso y derribo en los medios de comunicación y en el Congreso.

Cuando el siglo XX terminó, Felipe González ya no estaba en el poder, ni siquiera al frente del PSOE, sumido en una crisis de la que le costaría salir. Desde 1996 gobernaba José María Aznar, el líder del Partido Popular. Su primera legislatura estuvo marcada por un crecimiento económico espectacular y un discurso ideológico moderado que cambió a partir del año 2000, cuando consiguió la mayoría absoluta y puso en marcha un programa neoconservador de derechas dominado por una estrategia política de confrontación que poco o nada tenía que ver con el clima de consenso de la Transición.

La llegada el poder del Partido Popular después de las elecciones de 1996 terminaba, de alguna manera, el proceso de consolidación de la democracia. Hacía falta un partido conservador que fuera capaz de soltar el pesado lastre que le unía con el franquismo y obtener el respaldo popular suficiente para llegar a formar Gobierno. Ni Manuel Fraga ni la vieja generación de Alianza Popular, con biografías muy vinculadas a la dictadura, podían representar una alternativa que fuera apoyada por la mayoría de la ciudadanía. José María Aznar, presidente de la Junta de Castilla y León desde 1987, no pertenecía a la generación que había protagonizado la Transición. Supo renovar a los cuadros dirigentes, crear una estructura férreamente disciplinada y convertir al PP en un partido electoral, con nuevos símbolos y técnicas de comunicación y una organización eficaz.

El primer Gobierno de Aznar, entre 1996 y 2000, estuvo marcado por el pacto de legislatura alcanzado con CiU y el PNV. La debilidad parlamentaria gubernamental obligó a los conservadores a mostrarse flexibles con algunas reivindicaciones nacionalistas, a contener su discurso ideológico y a moderar las políticas sociales y económicas con una disposición abierta al diálogo social. Ello fue posible gracias, en gran medida, a los buenos tiempos de la economía internacional, un ciclo de crecimiento sostenido que había comenzado en 1995 y que se iba a mantener durante más de una década.

La bonanza económica, la imagen de competencia, austeridad de gasto y gestión eficaz, la concertación social, los éxitos de la lucha policial contra el terrorismo y la ofensiva judicial contra el entorno de ETA y la crisis interna del PSOE, con la abstención de una parte del electorado de izquierdas, explican, en buena medida, la mayoría absoluta conseguida por el PP en las elecciones generales de 2000, con un 44 % de los votos y 183 escaños. A partir de ese momento el nuevo Gobierno se olvidó del talante dialogante y de la moderación centrista.

No fue un cambio repentino. Ya en la primera legislatura había dejado muestras de esa concepción del poder en aspectos como el control de los medios de comunicación públicos, la imposición de la política educativa, las interferencias en el poder judicial, la estrategia de privatización de empresas públicas, situando al frente de ellas a amigos políticos, las medidas destinadas a reforzar los privilegios de la Iglesia católica o la retirada del proyecto de ley sobre inmigración. Fue a partir de 2001, sin embargo, cuando el verdadero carácter del proyecto neoconservador se hizo más evidente. La oposición suscitada por la reforma universitaria, la ruptura del diálogo social con los sindicatos, los conflictos regionales por el Plan Hidrológico Nacional, el rechazo de cualquier responsabilidad política ante la catástrofe del hundimiento del petrolero *Prestige* y el accidente del *Yak-42* en Turquía, que costó la vida a más de sesenta militares, o el enfrentamiento con Marruecos, con la arriesgada ocupación del islote de Perejil, fueron algunos de los aspectos más controvertidos de la segunda legislatura y que más erosionaron la imagen del Gobierno.

Pero, sin lugar a dudas, para la opinión pública el mayor error de Aznar fue el rumbo tomado por la política exterior, que privilegió y estrechó las relaciones con Estados Unidos, sobre todo a partir del atentado contra las Torres Gemelas de Nueva York, en septiembre de 2001. El apoyo entusiasta del Gobierno a la invasión norteamericana de Irak —con la famosa foto de las Azores— hizo que las protestas contra la guerra se convirtieran en manifestaciones multitudinarias, como las que en febrero de 2003 ocuparon las calles de todas las ciudades de

España. Sin embargo, a pesar de la pérdida notable de respaldo popular, las expectativas del PP ante las elecciones generales del 14 de marzo de 2004 no contemplaban otro escenario que no fuera el de la victoria.

Tres días antes, se produjo el atentado islamista en los trenes de cercanías de Madrid, el más letal de la historia de España, que causó la muerte de 192 personas y más de 1500 heridos. La reacción del Gobierno, percibida por muchos como una clara manipulación de la información, movilizó a cientos de miles de electores. El PSOE obtuvo el 42 % de los votos y 164 diputados frente a los 148 que conservó el PP y José Luis Rodríguez Zapatero se dispuso, con el apoyo de Izquierda Unida y de Esquerra Republicana, a convertirse en el quinto presidente de la democracia española. Un nuevo Gobierno socialista y un nuevo ciclo político que ya no pertenece a la historia de España del siglo XX.

Al comenzar el siglo XXI, España era un país moderno y desarrollado, desconocido para cualquier observador que llevara varias décadas fuera de sus fronteras. El sueño europeo de los escritores regeneracionistas se había cumplido y la sociedad había dejado atrás algunos de los problemas históricos que más la habían preocupado en el pasado. Pero también heredaba conflictos antiguos aún no resueltos, como el de la organización territorial del Estado o la pervivencia del terrorismo, y retos nuevos como el fenómeno de la inmigración o las consecuencias del proceso mundial de globalización.

La historia y sus sentidos: Balance de un siglo

El siglo XX en España fue extraordinariamente variado. Muchos españoles nacieron con una monarquía, la de Alfonso XIII, vivieron dos dictaduras, una república y una guerra civil, y murieron con el nieto de Alfonso XIII, Juan Carlos I, como jefe del Estado. Pero las vivencias y experiencias serían muy diferentes si dejáramos hablar a alguien que estuvo siempre con el orden tradicional, que ganó la guerra y vivió tranquilo y feliz durante la dictadura de su Caudillo; o por el contrario, atendiéramos a la versión de otro español que soñó con la República, la vio, luchó con ella hasta perder y nunca tuvo paz con el dictador. Cuando este nació, en 1892, España era un viejo imperio venido a menos en vísperas de su desastre final. Al final del siglo XX, España se había integrado en la Comunidad Económica Europea, después Unión Europea, tras décadas de aislacionismo y ausencia de democracia.

Desde la muerte de Franco, nuevas generaciones de historiades españoles e hispanistas hemos ampliado los temas de estudio, renovado los métodos de investigación y también las maneras de abordar e interpretar el pasado para revisar y desmontar los tópicos más usados y los lugares comunes más repetidos. Hoy sabemos que la historia de España del primer tercio del siglo XX no fue la crónica anunciada de una frustración secular que, forzosamente, tenía que acabar en una tragedia colectiva; un cúmulo de fracasos y carencias —de la industria y la agricultura, de la burguesía y las clases medias, del Estado y la sociedad civil— que impidieron al país seguir la vía europea hacia el progreso y la modernización. La época de la Restauración no fue un estanque inmóvil de aguas tranquilas donde nada se movía; ni tampoco fue la breve experiencia democrática de la Segunda República el prólogo inevitable de la Guerra Civil; ni la larguísima dictadura franquista un paréntesis que, a la postre, propició el desarrollo económico y el advenimiento de la libertad; ni la transición hacia la democracia un guion perfecto escrito de antemano desde las alturas del poder.

La historia de España no discurrió al margen de la europea, no fue ajena a las profundas transformaciones sociales, económicas, políticas y culturales vividas en el resto del continente. Hay muchas más similitudes que diferencias, sobre todo con los países cercanos del ámbito meridional. Los historiadores conocemos también que no existe un modelo «normal» de modernización frente al cual España pueda ser comparada como una excepción anómala. Casi ningún país europeo resolvió los conflictos de los años treinta y cuarenta —la línea divisoria del siglo— por la vía pacífica. En la época dorada posterior, el crecimiento económico y la extensión del Estado del bienestar tuvieron lugar tanto en países monárquicos como republicanos, tanto con Gobiernos socialdemócratas como con coaliciones democratacristianas. Fuera de la Europa occidental el panorama es todavía desalentador. La brecha de la desigualdad ha ido creciendo en vez de disminuir. Una de las lecciones que nos ha dejado el siglo XX es que no existía un camino lineal que conducía de manera ininterrumpida hacia el progreso, un esquema único que podían seguir todos los países del mundo para alcanzar el desarrollo y el bienestar colectivo.

Las cosas fueron de una manera determinada, pero pudieron haber sido muy distintas. La historia del siglo está poblada por fracturas y retrocesos, por revoluciones violentas y conflictos enconados entre ideologías opuestas, por Estados totalitarios y dictaduras de todo signo, por guerras mundiales y catástrofes humanas sin precedentes que han dejado en penumbra las luces espectaculares de los descubrimientos científicos y las mejoras materiales. Cien años de barbarie y de civilización; de víctimas civiles y de conquistas ciudadanas. Porque el siglo XX ha sido también testigo de los cambios sociales más acelerados de la historia de la humanidad. Un tiempo que para España ha supuesto el final de la transición demográfica, la desaparición del mundo tradicional campesino, la generalización de la educación, la emancipación de las mujeres, la revolución de los medios de transporte y de comunicación, la creación de la opinión pública y la extensión de los derechos ciudadanos.

Al comenzar la centuria había escritores que hablaban de la «era de las masas», un concepto casi siempre peyorativo que escondía el temor a las multitudes que salían a la calle a reclamar derechos, a las mayorías que podían derribar Gobiernos en las urnas. Cuando el novecientos ha pasado ya a la historia, parece más correcto hablar del siglo de los ciudadanos, del acceso de la gente corriente a las libertades individuales, a los derechos políticos y laborales y a los nuevos derechos sociales que demanda la sociedad civil. Hemos olvidado con demasiada rapidez que no siempre estuvieron a nuestro alcance, que no fueron concesiones gratuitas de los poderosos, sino logros colectivos de generaciones enteras y de personajes extraordinarios que se empeñaron en mejorar el mundo en el que habían nacido.

Vista desde esa perspectiva comparada, la peculiaridad principal de la historia de España en el siglo XX fue la larga duración de la dictadura de Franco, salida de la Guerra Civil. No fue un paréntesis en la historia de España de ese siglo, sino el elemento central que dominó el escenario de forma absoluta durante casi cuatro décadas. La línea divisoria del siglo en Europa fue, como sugiere Mark Mazower, la década de los cuarenta, cuando «la utopía nazi alcanzó su apogeo y luego se derrumbó con la misma rapidez».[1] En España, todo ocurrió un poco antes, en los años treinta, con la democracia y la revolución derrotadas en la Guerra Civil por un autoritarismo que no cayó en 1945 y sobrevivió tres décadas a ese fascismo que tanto le había ayudado a establecerse.

La Guerra Fría, la pugna entre el comunismo y la democracia capitalistas, una experiencia también duradera en otras partes del mundo, no pasó por España, que estaba en ese momento anclada en algo que ya había desaparecido de todos los países de Europa, excepto en Portugal. En perspectiva europea, la década de los ochenta fue crucial, con el derrumbe del imperio soviético en 1989 y el fin de las rivalidades ideológicas que habían crecido en el período de entreguerras. En España, el fin de esas rivalidades había ocurrido una década antes, en

1 Mark Mazower, *Dark Continent. Europe's Twentieth Century*, Penguin Books, Londres, 1998, p. x (primera traducción española, en Ediciones B, Barcelona, 2001, disponible en la actualidad en Barlin Libros, Valencia).

los años que fueron desde la muerte de Franco a la llegada de la democracia. No parece una casualidad que la mayoría de los estudios de los hispanistas angloamericanos, la tradición más sólida de investigación histórica realizada desde el exterior, se centre en ese período entre 1931 y 1982, y sobre todo entre 1931 y 1939, los años con más alcance y eco internacional de la historia de España. Pero esos años no explican toda la fotografía.

La democracia que surgió a finales de los años setenta era solo uno de los resultados posibles y hoy sabemos que fue positivo, que la consolidación de la democracia cambió el lugar de España en Europa, con su total integración en ella, uno de los sueños de las elites intelectuales españolas desde finales del siglo XIX. Se dejó de describir a un bando como representante de la verdadera España y la democracia trajo libertades amplias y la condición de ciudadanos europeos. También en España, como había pasado en una parte de Europa y Norteamérica, la democracia se asoció con el triunfo del capitalismo, que ya no estaba acosado por fuerzas revolucionarias. Una de ellas, el anarquismo, que tanta presencia había tenido en las cuatro primeras décadas del siglo, y que tan excepcional y extraordinario les había resultado a ilustres observadores extranjeros, como Gerald Brenan, Franz Borkenau o George Orwell, incluso desapareció con esa democracia, que pudo evitar también cualquier tentación republicana. Y es que la nueva democracia española, que empezó a nacer con las elecciones de junio de 1977, rompió cualquier vínculo con la Segunda República, porque la gestaron desde arriba antiguos franquistas y se aceptó desde abajo limpia de aquel pasado estereotipado en la Guerra Civil y en las divisiones fratricidas.

Si la historia se contempla desde finales del siglo XX, el salto que dio España desde 1900 fue espectacular, sobre todo si se comienza por los indicadores económicos. Como argumentan José Luis García Delgado y Juan Carlos Jiménez, que recogen algunas de las investigaciones más sólidas de las últimas tres décadas, el primer tercio del siglo significó «una moderada pero tenaz trayectoria de ganancia de niveles de prosperidad»; el período de 1936 a 1950, «la brutal discontinuidad, el desplome, el corte trágico»; mientras que el crecimiento de la renta por habitante en la segunda mitad del siglo alcanzó un promedio del 3,8 %, «que casi multiplicó por cuatro el de cien años atrás y el del primer tercio del novecientos». Haciendo balance de un siglo, concluyen los mismos autores, España recorrió el mismo camino que los países europeos más avanzados y dejó atrás el claro saldo desfavorable para su economía que había identificado al proceso histórico decimonónico, el período en el que esos países consolidaron las revoluciones liberales y la sociedad industrial.[2]

España transitó, durante el siglo XX, desde una sociedad agraria y rural a otra industrial y urbana. Casi el 70 % de la población activa agraria en 1900 había pasado a menos del 7 % al terminar el siglo, aunque la caída más brusca se produjo desde mediados de la década de los cincuenta hasta principios de los setenta. La crisis definitiva de la agricultura tradicional, que producía poco con una superabundancia de mano de obra, cambió el alma de la sociedad española y relegó al sector primario a una exigua participación, alrededor del 3 % a

2 García Delgado y Jiménez, *Un siglo de España. La economía*, pp. 15-27.

finales de siglo, en la estructura productiva, dominada ya por la actividad industrial, la construcción y, sobre todo, los servicios.

Las elevadas tasas de mortalidad, la altísima mortalidad infantil, el hambre y las epidemias periódicas ilustran a la perfección las difíciles condiciones de vida que debía soportar la mayoría de los casi 19 millones de habitantes de 1900. La población creció hasta los 40 millones durante el siglo, pese a que la Guerra Civil y el exilio se llevó a 750 000 personas, hombres en su mayoría, y más de dos millones y medio de españoles emigraron a América y a Europa entre 1950 y 1974. Todo vuelve a ser positivo, sin embargo, cuando el balance cubre todo el siglo. La mortalidad infantil, la alimentación deficiente, la falta de medidas higiénicas y sanitarias, la ausencia de agua corriente en las viviendas eran ya historia, recuerdos de los mayores, en el año 2000.

Si algo caracterizó a las democracias europeas que se consolidaron tras la Segunda Guerra Mundial fue el compromiso de extender a través del Estado, del Estado del bienestar, los servicios sociales a la mayoría de los ciudadanos. Superar el atraso español en equipamientos colectivos, infraestructuras y sistemas asistenciales fue uno de los grandes desafíos de la democracia durante el último cuarto de siglo. El gasto público del Estado representaba menos del 10 % de la renta nacional en 1900, apenas había crecido unos puntos en 1960, no llegaba al 25 % cuando murió Franco y, sin embargo, rondaba el 50 % en el 2000, con porcentajes similares a los de los países europeos más avanzados. La distribución más equitativa de la renta, el drástico descenso del analfabetismo, la escolarización generalizada hasta los dieciséis años y la creciente cualificación profesional, con más de millón y medio de estudiantes universitarios, son indicios incontestables de que la modernización había llegado a buen puerto.

Pero no todo fue historia de triunfos en ese siglo de conflictos, paradojas y contrastes. El que ha sido llamado siglo de las masas, de la ciudadanía, de los derechos civiles y sociales, no tuvo elecciones libres, con sufragio universal, durante más de cuatro décadas. El principal responsable de que eso fuera así, Francisco Franco, ayudado por sus compañeros de armas, se empeñó en llevar un camino diferente al de las democracias occidentales. Hoy, la democracia y la civilización europea nos pueden parecer superiores, pero durante años y años muchos españoles defendieron y aceptaron estar organizados, y obligar a quienes no lo quisieran estar, conforme a estrictas reglas autoritarias.

La guerra fue una experiencia crucial en las vidas de millones de europeos durante la primera mitad del siglo XX. Dos guerras mundiales y una «crisis de veinte años» en medio marcaron la historia de Europa del siglo XX. En España bastaron tres años para que la sociedad padeciera una oleada de violencia y de desprecio por la vida sin precedentes. Por mucho que se hable de la violencia que precedió a la Guerra Civil para tratar de justificar su estallido, está claro que en la historia del siglo XX español hubo un antes y un después del golpe de Estado de julio de 1936. Además, tras el final de la Guerra Civil en 1939, durante al menos dos décadas no hubo ninguna reconstrucción positiva, tal y como ocurrió en los países de Europa occidental después de 1945.

El discurso del orden, de la patria y de la religión se había impuesto al de la democracia, la República y la revolución. En la larga y sangrienta dictadura de Franco reside, en definitiva, la gran excepcionalidad de la historia de España del siglo XX si se compara con la de los otros países capitalistas. Muertos Hitler y Mussolini, Franco siguió. El lado más oscuro de esa guerra civil europea, que acabó en 1945, tuvo todavía larga vida en España.

Los recuerdos y conmemoraciones de pasados violentos plantean enormes desafíos a los historiadores, que intentamos diferenciar entre historia y memoria, entre conocimiento documentado y subjetividad. Al contrario que las luchas heroicas, los triunfos militares o las celebraciones de la grandeza nacional, los pasados traumáticos o infames no se prestan a relatos fáciles o de autobombo.

Asimilar la historia del siglo XX y llegar a un acuerdo sobre ella ha sido una tarea muy complicada en la mayoría de los países europeos. Los verdugos insisten en que también ellos fueron víctimas. Los turcos acusan a los armenios de insurrección y de provocar la reacción legítima del Estado otomano; los soldados de la Wehrmacht aluden a los abusos y humillaciones a los que fueron sometidos como prisioneros de guerra en la Unión Soviética; y el número de alemanes expulsado por el Ejército Rojo de los territorios del Este se compara con el de las víctimas en los campos de exterminio. «Trauma» es una categoría difícil de aplicar históricamente porque las representaciones de esos pasados suscitan controversias y debates políticos en la esfera pública.[3]

Las memorias se cruzaron con ardor en España desde los años noventa, después de un largo período de indiferencia política y social hacia la causa de las vícti-

3 Verdugos que se ven como víctimas, en Omer Bartov, Atina Grossmann y Mary Nolan (eds.), *Crimes of War. Guilt and Denial in the Twentieth Century,* New Press, distributed by W. W. Norton & Co, Nueva York, 2002, p. XXIII.

mas de la represión en la Guerra Civil y en la dictadura de Franco. Coincidió ese cambio con la importancia que en el plano internacional iban adquiriendo los debates sobre los derechos humanos y las memorias de guerra y dictadura. Una parte de la sociedad civil comenzó a movilizarse, se crearon asociaciones para la recuperación de la memoria histórica, se abrieron fosas en busca de los muertos que nunca fueron registrados y los descendientes de los asesinados por los franquistas, sus nietos más que sus hijos, se preguntaron qué había pasado, por qué esa historia de muerte y humillación se había ocultado y quiénes habían sido los verdugos.

Las acciones para que esas víctimas tuvieran un reconocimiento público y una reparación moral encontraron, sin embargo, muchos obstáculos. El juego de «equiparación» de víctimas y responsabilidades ha dominado en los últimos años la mayoría de las representaciones divulgadas en los medios de comunicación y ha sacado a la luz una clara confrontación entre las narraciones y los análisis de los historiadores y los usos políticos y recuerdos. Las memorias cambian con el tiempo, conforme la sociedad y la política evolucionan, y cambian también sus formas de difusión en los medios de comunicación. Como ocurre con el análisis de la historia, la memoria invita a varias y controvertidas lecturas. Por un lado, la información no contrastada y la opinión difuminan las fronteras entre los historiadores profesionales y los aficionados a la historia. Por otro, cuando se trata del siglo XX —de guerras, dictaduras, revoluciones, limpiezas étnicas y genocidios—, resulta difícil distinguir entre las investigaciones sólidas, contrastadas, debatidas en congresos y trabajos científicos, y los relatos propagandísticos o políticos. Las fuentes históricas siempre son fragmentarias, iluminan algunos aspectos y acontecimientos y dejan otros en la oscuridad. Esos últimos son precisamente los que los historiadores debemos buscar.

Los historiadores sabemos que escribir con claridad es una parte esencial de nuestro oficio, que, si no cumplimos ese requisito, nos ganamos a pulso el comentario bastante común sobre lo aburrida que resulta la historia. Comunicar con precisión y elegancia, dirigir nuestras investigaciones a una audiencia más amplia, no tiene por qué conducir, no obstante, a la renuncia a explicar la complejidad de los acontecimientos históricos.

La aparición de Internet, la proliferación de las redes, la nueva era de información y comunicación en la que nos encontramos obligan al historiador a ser todavía más cuidadoso con las fuentes y con las interpretaciones no contrastadas. El acceso a esas redes de información crea nuevas oportunidades y nuevos problemas, tanto en la investigación como en la enseñanza y escritura de la historia, que todavía no hemos comenzado a debatir en serio y que van a tener que hacer los historiadores del futuro inmediato.

Por muchas cosas que hayan cambiado, sin embargo, la historia, como entonces y ahora, es una herramienta de comunicación que obliga a ver el pasado con diferentes miradas, reconocer el significado de los hechos desde distintas perspectivas y apreciar la diversidad humana. Es una disciplina sumamente compleja y los historiadores, un grupo muy variado. Así nos lo enseñaron algunos de nuestros maestros, eso es lo que he querido transmitir en este libro y sobre ello invito a pensar y debatir a los lectores.

Índice

Este libro se terminó de imprimir
en los talleres del Servicio de Publicaciones
de la Universidad de Zaragoza
en mayo de 2025